LE JEU
DE
LA FEUILLÉE

LES CLASSIQUES FRANÇAIS DU MOYEN AGE
Collection fondée par MARIO ROQUES
publiée sous la direction de FÉLIX LECOY

ADAM LE BOSSU

TROUVÈRE ARTÉSIEN DU XIIIe SIÈCLE

LE JEU DE LA FEUILLÉE

PUBLIÉ PAR
ERNEST LANGLOIS

DEUXIÈME ÉDITION REVUE

PARIS
LIBRAIRIE HONORÉ CHAMPION, ÉDITEUR
7, QUAI MALAQUAIS (VIe)
—
1984

ISBN 2-85203-054-3 - ISSN 0755-1959

INTRODUCTION

I. L'Auteur. — Adam, l'auteur du *Jeu de la Feuillée*, est né, selon toute vraisemblance, vers le milieu du XIIIe siècle : il pouvait, en effet, avoir de vingt-cinq à trente ans lorsqu'il écrivit cette pièce, probablement en 1276 ou 1277, comme on le verra plus loin : il était alors jeune, marié, et n'avait pas terminé ses études, mais il était déjà « maistre[1] ». Son père, maître Henri Le Bossu, employé à l'échevinage d'Arras, était surnommé « de la Halle », soit à cause du quartier qu'il habitait, soit à cause de ses fonctions, soit pour toute autre raison. Ce surnom fut quelquefois appliqué au fils, mais rarement[2]; ses compatriotes l'appelaient « Adam Le Bossu »; hors de son pays, il était plutôt « Adam d'Arras[3] ».

1. Il prend ce titre dans le Jeu (v. 37, 45, 175, 310, 428, 949, 1020, sans tenir compte des rubriques). Hors du Jeu, cette qualification lui est rarement attribuée; je n'en connais que quatre exemples (voir ci-dessous, notes 2, 3, et p. v, n. 1).

2. Il est appelé « Maistre Adan de la Hale » dans un jeu-parti entre Robert et Copart (cf. p. v, n. 1); « Adam de la Halle » dans le *Dit de la Panthère d'Amours*, de Nicole de Margival (v. 2466); « Maistre Adan de le Hale » dans le ms. Bibl. nat., fr. 25566, fol. 10; « Adans de le Hale » dans le ms. Bibl. nat., fr. 847, fol. 111 a.

3. « Maistre Adans Li Bochus estoit chi apelés Et la Adans d'Arras » (*Le Jeu du Pèlerin*, v. 25-26. Voir p. VI, n. 4).

On a souvent cité ce vers du *Roi de Sezile* (laisse IV, v. 11) :

On m'apele Bochu, mais je ne le sui mie,

et le reproche que Bretel, dans un jeu-parti, fait à Adam de répondre « bochuement » (de Coussemaker, p. 177).

Henri Le Bossu est mort vers le milieu de l'année 1290 (*Nécrologe artésien*, an. 1290, terme de la S. Remi, fol. 31 f : « Bochu maistre Henri »)[1]. Il avait perdu sa femme au début de 1283, n. st. (*Nécrol.*, an. 1282, terme de la Purification, fol. 30 a : « feme de le Hale Henri »); il n'est pas certain que celle-ci soit la mère d'Adam, car maître Henri s'était marié plusieurs fois (Jeu, v. 493).

Le « fil maistre Henri, Adan », est salué par le trouvère Baude Fastoul dans ses *Congés* (v. 498-499), qui sont de 1272; c'est la première date qu'on puisse inscrire avec certitude dans sa biographie.

D'après un vers du *Jeu de la Feuillée*, on a conclu qu'Adam avait habité avant son mariage l'abbaye cistercienne de Vauchelles; mais cette interprétation n'est guère vraisemblable[2]. S'étant épris d'une jeune fille, dont le prénom seul, Marie, est connu (Jeu, v. 35)[3], il quitta l'école pour l'épouser[4], après l'avoir séduite, sans trop de peines,

1. J'appelle *Nécrologe artésien*, ou simplement *Nécrologe*, le manuscrit de la Bibl. nat. fr. 8541, généralement, mais à tort, désigné sous le titre de *Registre de la Confrérie des Jongleurs et Bourgeois d'Arras;* il y figure des personnes qui ne sont ni jongleurs, ni bourgeois, ni même d'Arras : « deux enfants », « une femme muette », « cinq enfants », « une sotte », « une personne étrangère », etc. L'inscription des défunts pour qui ont été réglés, semble-t-il, les frais d'un ou de plusieurs services n'a pas été faite au jour le jour; les dates, groupées par termes, dont le premier de chaque année est celui de la Pentecôte, ne correspondent donc qu'approximativement à celle des décès. Il n'est pas rare que la même mention figure à deux dates différentes, par exemple « Au Lanier Parent » (Pentecôte 1284, fol. 30 b, et Pentecôte 1286, fol. 30 e). Les répétitions sont trop nombreuses pour qu'elles puissent s'expliquer par des homonymies.

2. Voir la note du v. 170.

3. Le *Nécrol. art.* mentionne une « feme le Boceus » (an. 1291, terme de la S. Remi, fol. 32 a).

4. Cette indication revient plusieurs fois dans les différentes poésies d'Adam : « Si ai werpi, Pour li avoir, Escole, amis et

semble-t-il[1]. Après quelque temps, probablement quelques années, d'une union scellée par la plus tendre affection, les deux jeunes époux prirent la courageuse résolution de se séparer pour trois ou quatre ans : Marie resterait à Arras, avec son beau-père, pendant qu'Adam irait à Paris pour y reprendre sa vie d' « escolier ». Ce projet est connu par deux compositions : le *Jeu de la Feuillée* et le *Congé*, qui sont de la même époque. Dans le Jeu, Adam porte la cape des étudiants parisiens (v. 422-423, 655), et ses premières paroles sont pour prendre congé de ses amis, avant de se rendre à Paris, où il a décidé de continuer ses études, interrompues par son mariage. Dans une scène suivante, il est vrai, une irascible fée « veut » qu'il s'oublie « entre les bras se feme » et mette son voyage « en respit » (v. 684-691), et comme les dons des bonnes fées reflètent exactement la pensée d'Adam, on pourrait interpréter de même celui de leur compagne et croire que le poète avait renoncé à son projet, ou tout au moins en avait différé l'exécution. Pourtant, dans la suite de la pièce, il est encore fait, à sa situation d'écolier parisien, des allusions (v. 950, 960-962) où sont oubliés les présages de la méchante fée, mais elles sont très peu significatives. Dans le *Congé*,

avoir » (*Motet*, de Couss., p. 272); « Se vous m'ostastes de clergie » (*Congé*, str. v). Cf. plus bas, p. xiv-xv.

1. Il requist tost, luès fu fais li otrois,

nous apprend un jeu-parti (de Couss., p. 172); et le sens de ce vers est éclairci par la finale d'un autre jeu-parti, encore inédit, entre Robert et Copart (n° 871 de la *Bibliographie des Chansonniers* de G. Raynaud). Copart soutient qu'un clerc qui courtise deux femmes, dont l'une ne s'est jamais « laissié adeser », et dont l'autre « ne lui refuse rien », doit épouser celle-ci de préférence à celle-là, et cite l'exemple d'Adam :

Robert, ja preuve trouvee
Par maistre Adan de la Hale iert moustree,
Ma besoigne car on le voit user :
Ainsi fait cas ailleurs n'en vueil quester.

spécialement écrit par Adam, à la veille de son départ, pour prendre « congé » de ceux qu'il aime et qu'il va quitter, le poète exprime, en des termes d'une délicatesse exquise, sa reconnaissance et son affection pour sa femme, qui, loin de le retenir, l'encourage à se séparer d'elle pendant les trois ou quatre années nécessaires à l'achèvement de ses études[1], et nous apprend que des bienfaiteurs se sont cotisés pour l'aider dans son entreprise[2]. Si le *Congé* est antérieur au Jeu, le dernier mot sur la question du séjour à Paris est celui de la fée, dont l'interprétation reste douteuse; si, au contraire, le Jeu précède le *Congé*, il n'y a pas à tenir compte des volontés de la fée malfaisante, et rien n'autorise à croire qu'Adam n'ait pas réalisé son projet d'aller à Paris[3].

Adam mourut dans le sud de l'Italie, entre 1285 et 1289, probablement en 1288[4]. Le comte d'Artois l'avait pris à son

1. *Congé*, str. v et vi.

2. « Car il mut parole et matere C'on m'aidast au partir d'Artois » (*Ibid.*, str. ix).

3. On peut supposer que c'est en revenant de Paris qu'il a composé la chanson *De tant com plus aproisme mon pais* (de Couss. et Berger, XXXIII), où il parle de sa longue absence et des sensations de bonheur qu'il éprouve à mesure qu'il se rapproche de son pays; et même la chanson *Au repairier en la douche contree* (de Couss. et Berger, XIV).

4. Les premières laisses de son poème sur le *Roi de Sezile* ont été composées après la mort de Charles d'Anjou, c'est-à-dire après le 7 janvier 1285. D'autre part, à l'*explicit* d'un manuscrit du *Roman de Troie* (Bibl. nat., fr. 375), le copiste nous apprend qu'il termina sa transcription le jour de la Chandeleur 1288, c'est-à-dire le 2 février 1289 (n. st.), qu'il est d'Arras, qu'il s'appelle « Jehanès Mados » (au cas régime « Madot »), que

bien fu conus
Ses oncles Adans Li Boçus,
Qui, por revel et (por) compaignie
Laissa Arras : ce fu folie,
Car il ert cremus et amés.
Quant il morut, ce fu pités,

service, comme poète et comme musicien; sans doute l'emmena-t-il avec lui lorsque, après le massacre des Vêpres siciliennes, en 1282, il fut envoyé par le roi de France au secours de Charles d'Anjou.

Il reste d'Adam, outre le *Jeu de la Feuillée* et le *Congé*, des chansons, des motets, des rondeaux, des jeux-partis, un Dit d'Amours, quelques strophes sur la Mort, le *Jeu de Robin et Marion*, et les dix-neuf premières laisses (de vingt vers chacune) d'un poème, en forme de chanson de geste, sur le « Roi de Sezile », qui n'a probablement jamais été achevé[1].

Car onques plus enginez hon
Ne morut.

Par le *Jeu du Pèlerin* nous savons qu'Adam entra au service du comte d'Artois et qu'il mourut en Italie :

Par Puille m'en reving, ou on tint maint concille
D'un clerc net et soustieu, grascieus et nobile,
Et le nomper du mont; nés fu de ceste ville.

Maistre(s) Adans Li Bochus estoit chi apelés,
Et la Adans d'Arras.

. . . .

Chis clers dont je vous conte
Ert amés et prisiés et honnerés dou conte
D'Artois; si vous dirai mout bien de quel aconte :

Chieus maistre Adan savoit dis et chans controuver,
Et li quens desirroit un tel home a trouver :
Quant acointiés en fu, si li ala rouver
Que il feïst uns dis pour son sens esprouver.

Maistre Adans, qui en seut trés bien a chief venir,
En fist un dont il doit mout trés bien sousvenir,
Car biaus est a oïr et bons a retenir.
Li quoins n'en vaurroit mie chinc chens livres tenir.

Or est mors maistre Adans, Dieus li fache merchi!
A sa tomble ai esté, don Jhesu Crist merchi.
Li quoins le me moustra, le soie grant merchi,
Quant jou i fui l'autre an (v. 22-48).

1. Toutes ces pièces ont été publiées; on trouvera la liste des

Dans le *Conge*, Adam parle de ses *lais*[1] : aucune des compositions connues sous son nom ne porte ce titre. L'auteur du *Jeu du Pèlerin* lui attribue de nombreuses ballades : on n'en connaît pas. Des six chansons d'Adam insérées partiellement ou intégralement dans la *Panthère d'Amours*, de Nicole de Margival, trois y sont appelées *chants royaux*[2]; mais elles se retrouvent dans les manuscrits parmi les autres chansons sans se distinguer en rien de celles-ci.

Adam était réputé comme musicien autant que comme poète[3].

II. La pièce. — Le *Jeu de la Feuillée* est conservé en entier dans un seul manuscrit (Bibl. nat., fr. 25566 = *P*), sous la rubrique *Li jus Adan*, et avec l'explicit *Li jeus de le fuellie*. Cette copie est de la fin du XIIIe siècle ou du début

manuscrits et des éditions dans le livre de M. Henri Guy, *Essai sur la vie et les œuvres littéraires du trouvère Adan de le Hale* (Paris, 1898), p. 576 et suiv., et dans la *Bibliographie critique du trouvère Adan de le Hale*, par le même (*Revue des Études historiques*, 1900, p. 201). Depuis, il a paru une édition des chansons, faite par M. R. Berger : *Canchons und Partures des altfr. Trouvere Adan de le Hale le Bochu d'Aras*, Halle, 1900; et une édition des jeux-partis par L. Nicod : *Les jeux-partis d'Adam de la Halle* (*Bibl. de l'Éc. des Hautes-Études*, CCXXIV, fasc., 1917). Mes citations sont empruntées, sauf indication contraire, pour le *Jeu de Robin et Marion*, à mon édition, la seule qui ait été expurgée des interpolations ultérieures (Paris, 1895); pour les autres poésies, aux *Œuvres complètes du trouvère Adam de la Halle*, par E. de Coussemaker (Paris, 1872). A la numérotation de Coussemaker, pour les chansons, je joins celle de M. Berger.

1. Nature n'est mais en moi tendre
Pour faire cans ne sons ne lais (str. IV).

2. Vers 1542, 2459, 2552.

3. De tout le mont doit estre plains,
Car mainte bele grace avoit,
Et seur tous biau diter savoit,
Et s'estoit parfais en chanter (*Jeu du Pèlerin*, v. 84-87). Cf. ci-dessus, n. 1.

du XIVe[1]; le dialecte en est picard. Le début de la pièce se retrouve dans deux autres manuscrits : les v. 1-170, sous le titre *Jeu Adan Le Boçu*, dans le ms. du Vatican Reg. 1490 (= *V*), écrit au commencement du XIVe siècle, aussi par un Picard, probablement un Artésien; les v. 1-174, intitulés *Jeu Adan Le Boçu d'Arraz*, dans le ms. Bibl. nat., fr. 837 (= *Pb*), transcrit au commencement du XIVe siècle, dans le dialecte français.

Les trois copies sont donc d'accord sur la dénomination *Jeu Adam*, qui désigne, non pas le titre, mais l'auteur de la pièce[2]. Pour le titre, on ne peut que s'en tenir à l'indication fournie par l'explicit de *P*. On a expliqué le nom *de la Feuillée* en disant que « la pièce se jouait sous la feuillée, c'est-à-dire sous une de ces tonnelles de verdure qu'on élevait pour célébrer la fête de mai, la fête du printemps revenu[3] ». Ce n'est là qu'une hypothèse, qui n'est ni appuyée, ni infirmée par aucun détail de la pièce. L'existence même de cette feuillée à Arras, dans la seconde moitié du XIIIe siècle, même précédemment, n'est attestée par aucun témoignage. Par contre, plusieurs documents parlent (cf. *Bulletin historique et philologique*, 1894, p. 429; 1898, p. 198, n. 2) d'une feuillée sous laquelle, soit au mois de mai, soit plus précisément à la Pentecôte, la châsse de Notre-Dame était exposée sur une place publique d'Arras, à la vénération des fidèles. D'autre part, à la fin du Jeu, les acteurs quittent la scène pour aller « baiser la châsse de Notre Dame, et allumer un cierge devant elle ». C'est cette feuillée qui me paraît avoir fourni le titre de notre Jeu.

L'action se passe à Arras, une nuit où les fées sont attendues (v. 566-567), à une époque de l'année où les conséquences d'une faute, commise par une femme « un peu avant le

1. Elle n'est certainement pas antérieure à 1288.

2. Voir, à ce sujet, mes articles dans la *Romania*, XXXII, 384, et XLVIII, 279.

3. G. Paris, *La Littérature française au moyen âge*, § 132.

carême » (v. 285), commencent à devenir apparentes[1]. La date du 1er mai, celle de la Pentecôte[2], aussi celle de la Saint-Jean répondent à ces données.

Les nombreuses allusions contenues dans la pièce permettront sans doute un jour de préciser avec certitude l'année où elle fut écrite. Il y est fait mention de la mort d'un pape qui retira aux clercs bigames le privilège d'exemption des tailles; on a vu dans ce pape Alexandre IV, mort le 25 mai 1261, et l'on en a conclu que la pièce n'avait pas été écrite avant cette date, ni par conséquent jouée avant le printemps de l'année 1262. Cette conclusion est mal fondée, et les imprécations des bigames s'adressent mieux à Innocent IV, mort le 7 décembre 1254[3], ou à Grégoire X, mort le 10 janvier 1276[4]. Dans ma première édition du Jeu, j'ai

1. Quatre ou cinq mois après cet accident nous conduiraient à peu près à la Saint-Jean (le mardi gras était le 18 février en 1276, le 10 février en 1277). Mais il convient de ne pas attribuer à ce calcul plus d'importance qu'il n'en comporte. C'est surtout la présence des fées qui m'a fait penser à la Saint-Jean.

2. Souvent, au XIIIe siècle, les anciennes fêtes de mai et celle de la Pentecôte se confondaient.

3. A la suite de contestations entre les clercs mariés d'Arras et les échevins de cette ville, la cour de Rome, par une sentence rendue le 28 janvier 1254, décida que les clercs mariés continueraient à jouir, à Arras, comme par le passé, des privilèges ecclésiastiques et seraient, en conséquence, exempts de toute taille imposée par les échevins. Étaient exceptés de ce privilège les clercs bigames (ceux qui s'étaient remariés ou avaient épousé une veuve), les usuriers, les taverniers et ceux qui exerçaient un commerce contraire à l'honnêteté. Le pape Innocent IV confirma cette décision dans une lettre de mars 1254, adressée aux échevins. Les clercs mis hors du privilège ecclésiastique ayant persisté dans leur refus de se soumettre au droit commun, les échevins se plaignirent au pape Alexandre IV, qui, dans une lettre datée du 21 mars 1256, défendit à l'évêque de soutenir les récalcitrants (ces documents ont été publiés par A. Guesnon dans son *Inventaire chronologique des chartes de la ville d'Arras*, p. 31 et 33).

4. Le concile de Lyon, convoqué par Grégoire X, et saisi par

donné la préférence à Innocent IV, pour des motifs que j'exposais en ces termes : « Agnès, fille de dame Douche, nommée dans le Jeu au v. 869, paraît bien être « Li Doucete Agnès » inscrite dans le *Nécrologe artésien* comme étant morte en 1263 ou 1264. C'est donc entre 1255 et 1264 que le *Jeu de la Feuillée* a dû être représenté. La seconde de ces dates doit nécessairement être reculée d'au moins un an ou deux si la femme de Mahieu l'Anstier mentionnée dans la pièce est celle qui mourut en 1261 ou 1262[1]. Enfin j'ajoute qu'il serait tout naturel de voir dans le mouvement des bigames auquel Adam fait allusion celui qui provoqua la nouvelle plainte des échevins au pape, et auquel Alexandre IV s'efforça de mettre fin par sa lettre du 21 mars 1256. Dans cette hypothèse, le Jeu serait de 1255. »

Récemment, A. Guesnon s'est efforcé de prouver (*M. A.*, XXVIII, p. 187 et suiv.), par des raisons dont deux seulement m'ont paru dignes d'être prises en considération[2], que cette date de 1255 est trop ancienne pour être assignée au Jeu. D'une part, dans deux actes encore inédits, l'un d'avril 1273 (Archives du Pas-de-Calais, A, 21), l'autre du 29 mai 1274 (*Ibid.*, A, 22), Pierre Pouchin serait encore qualifié

lui de la question des clercs bigames, décida, dans sa séance du 14 juillet 1274, que les bigames seraient déchus de tout privilège ecclésiastique et assujettis à la justice séculière, et leur interdit, sous peine d'anathème, le port de la tonsure et celui de l'habit ecclésiastique. Le 1er novembre de la même année, Grégoire X publia les « constitutions » du concile, en trente-neuf articles, et en prescrivit l'observation. L'article 16 est ainsi conçu : « Altercationis antique dubium presentis declarationis articulo decidentes, bigamos omni privilegio clericali declaramus esse nudatos et coercitioni fori seculi addictos. Ipsis quoque sub anathemate prohibemus deferre tonsuram vel habitum clericalem. »

1. J'aurais pu ajouter aussi que Wautier Mulet est mort en 1274, et que sa « femme » est mentionnée dans le Jeu (v. 870-872) en des termes qui ne laissent pas soupçonner qu'elle soit veuve.

2. Les autres raisons alléguées par Guesnon portent à faux. La

« bourgeois d'Arras »; or, le *Congé* nous apprend (str. x) que le même personnage a récemment quitté la Ville d'Arras pour s'établir dans la Cité, renonçant ainsi à la bourgeoisie; il s'ensuivrait que le *Congé* serait postérieur au mois de mai 1274, et par conséquent aussi le Jeu, qui est de la même époque que le *Congé*.

En réalité, dans le premier de ces documents, daté de Paris, juillet 1273, Pierre Pouchin est qualifié, non pas « bourgeois d'Arras », mais *civis Atrebatensis*. Le second acte, donné à « Souvengne en Auvergne », le 29 mai 1274, au nom du comte d'Artois, est une reconnaissance de dettes en faveur de « nos amés bourgeois Pierron Pouchin et Pierron Lanstier, chitoiens d'Arras[1] ». Ces textes prouvent-ils que Pierre Pouchin n'avait pas quitté la Ville d'Arras pour la Cité? Je ne voudrais pas l'affirmer.

D'autre part, un document de 1289 environ, qui était inédit lorsque parut ma première édition du *Jeu de la Feuillée*, relate un événement de la vie de Thomas de Bourriane, auquel il est fait allusion dans la pièce, et qui s'est passé pendant que Jacquemon Louchart était échevin (cf. la note du v. 816) : Guesnon suppose qu'il s'agit de l'échevinage de 1274. Cette hypothèse est vraisemblable, mais ce n'est qu'une hypothèse.

Si ces deux arguments ne sont pas peremptoires, ils s'ajoutent à d'autres qui m'avaient déjà conduits aux mêmes conclusions, et que je vais donner. Dans la *Feuillée* figure un personnage nommé Walet, dont le père était, de son

mention dans un motet d'Adam des *gros tournois*, dont les numismates placent la création vers 1265, prouve, si les numismates ont raison, que ce motet n'est pas antérieur à 1265, mais ne prouve pas, comme le croyait Guesnon, qu'il en soit de même du *Jeu de la Feuillée*, qui n'a aucun rapport ni chronologique ni autre avec ce motet.

1. Je dois ces renseignements à l'obligeance de M. Georges Besnier, le savant archiviste du Pas-de-Calais, qui a bien voulu vérifier à ma demande sur les originaux les assertions de Guesnon.

vivant, un vielleur renommé (v. 350-357). Or, dans un jeu-parti, encore inédit (Raynaud, 1042), entre Bretel, d'une part, Cuvelier, Lambert Ferri et Jean Grieviler, d'autre part, le vielleur Varlet est pris pour juge, et sa liaison avec les auteurs du jeu-parti montre que ce n'était pas un vulgaire menestrel :

Varlet, se te presentoie
Une vïelle, et gastoie (*ms.* gestoie)
Les cordes, mauvaisement
En serviroies la gent :
On ne doit sans oevre amer
Ne sans cordes vïeler.

Il semble bien que ce vielleur Varlet ne soit autre que le vielleur père de Walet, malgré une légère différence de forme du nom dans les deux textes ; le Jeu serait donc postérieur à la « parture », et comme celle-ci ne me paraît pas pouvoir remonter jusqu'au milieu du XIIIe siècle, j'en conclus que ce n'est pas Innocent IV, mais Grégoire X, qui est visé dans la *Feuillée*.

Dans une quinzaine de jeux-partis, Adam a pour interlocuteur Bretel, un passionné de ce genre de poésie[1] : ces compositions sont donc antérieures au milieu de l'année 1272, date de la mort de Bretel. Dans plusieurs, Bretel fait allusion à l'instruction supérieure d'Adam (VI, 1-4[2]; IX, 21[3]; X, 29[4]), à sa jeunesse (VII, 35-36[5]), à son amour (III,

1. Adam est en outre pris pour juge par Ferri dans un jeu-parti entre ce dernier et Bretel.

2. Adam, a moi respondés
Con lais hom a cest affaire,
Car ne sai point de gramaire
Et vous estes bien letrés.

3. Trop en avez abaissie clergie.

4. Adan, tout tans parlés vous en clergois.

5. peu s'i entent
Vo cuers, joneche li vee.

1-6[1]; X, 43-46[2]). Mais ces allusions se précisent surtout dans le très curieux jeu-parti XI, que les insolences du vieux Bretel, vexé d'être mis à quia par son jeune antagoniste, et la susceptibilité d'Adam ont un moment fait dégénérer en une dispute plutôt aigre. Bretel ayant reproché à Adam de « parler d'amours trop jonement », celui-ci répond :

Sire, autre gent que li jone n'ont loi
De servir Amours, ne de parler ent,
Et maint jone escolier, a çe m'apoi,
Sont plus agu de faire un argument
C'uns anciiens ne soit, qui trés jovent
L'estude a laissie.
Vous devez avoir guerpie
Amours; pour chou parlés si rudement (str. x).

Au reproche de n'avoir pas aimé d'un amour vrai, Adam réplique :

... Pour amours, jel sai certainement
Ne guerpiriés a pieche vostre argent.
Che fach jou clergie.
D'amour doi savoir le vie,
Se nus le set pour sentir aspremēnt (str. xiv).

Bretel :

Se vous avés pour amour folement
L'escole voidie,
Vos sens point n'en monteplie (str. xv).

Adam :

Sire, en servant Amours, mout mieus m'emploi
Que se jou fuisse escoliers seulement;

1. Adam, d'amour vous demant.
. . . . . . vous le devés
Mout bien savoir, car esprouvé l'avés.

2. Dragon, Adan peu kerroie :
Il meïsmes fist ensi que je di :
Il requist tost, luès fu fais li otrois :
Bien l'en vint, or le renoie.

Et pour itant, se l'escole renoi,
Ch'est pour mi emploier plus hautement :
Et vous dites que j'oevre sotement,
Qui l'ai eslongie (str. xvi)!

Les jeux-partis dont sont extraites ces citations ont été composés peu de temps après le mariage d'Adam; avant 1272, date de la mort de Bretel, et très probablement aussi avant la *Feuillée* et le *Congé*, puisque le renoncement du jeune homme aux études y est donné comme définitif. L'idée de retourner à l'école a pu ne venir à Adam que quelque temps après son mariage[1]. Si la *Feuillée* est de 1276, le mariage étant antérieur de quatre ou cinq ans, tout s'explique naturellement. Certes, pareil revirement dans les projets d'Adam n'exigeait pas un si long temps, et si l'on date le Jeu de 1255, il n'est pas nécessaire de supposer un intervalle de plusieurs années entre sa représentation et la composition des partures. Cependant, la lecture du Jeu et celle du *Congé* donnent l'impression que l'idée d'aller à Paris ne date pas de la veille, et surtout que le mariage n'est pas tout récent. D'autre part, si l'on recule de vingt ans la composition du *Jeu de la Feuillée*, et par conséquent celle des jeux-partis, on rajeunira d'autant Bretel, et l'on comprendra mal qu'Adam le traite d' « anchien ».

Il est certain d'ailleurs que la décision du concile de Lyon relative aux clercs bigames a suscité parmi eux un grand émoi, dont témoignent les documents de l'époque.

C'est donc peu après la mort de Grégoire X, probablement en 1276, au plus tard en 1277[2], que fut représenté le *Jeu de la Feuillée*[3].

1. Probablement lorsque sont apparues aux deux jeunes gens les difficultés matérielles de l'existence. Cf., p. viii, n. 1, deux vers du *Congé* qui font allusion à ces difficultés.

2. Deux personnages, mentionnés dans le Jeu comme vivants, sont morts en 1277 : Ermenfroi de Paris, entre le 16 mai (Pentecôte) et le 1er octobre (saint Remi), et Ermenfroi Crespin (voir ces noms à l'Index des noms propres).

3. En adoptant cette date, je renonce à identifier « li Doucete

Les manuscrits ne donnent aucun renseignement sur la mise en scène, et la lecture de la pièce ne suggère que peu d'indications à ce sujet. La représentation pouvait être donnée dans une salle quelconque, sous une « feuillée », ou même en plein air; à côté de la scène principale était figurée la taverne de Raoul Le Waisdier. Lorsqu'ils n'ont rien à faire ou à dire, les principaux acteurs sont assis sur les côtés de la scène (cf. v. 261, 340, 363, 390, 589); les autres, ainsi que les figurants (cf. v. 361, 1096-97), se retirent probablement et se mêlent aux spectateurs.

Une table est dressée par deux acteurs à l'heure où les fées doivent arriver; celles-ci font porter à leur suite une roue de Fortune; un moine porte un reliquaire et un plateau pour les offrandes; deux malades présentent leurs urinaux. Mais, à part ces accessoires, aucun décor n'est indiqué.

Il est probable que les rôles d'hommes étaient tenus par ceux dont ils portent le nom. Les rôles de femmes étaient sans doute joués par des hommes. Tous les acteurs faisaient partie d'une « compaignie » (v. 888 et surtout v. 947), c'est-à-dire d'un groupe d'amis, que rien n'autorise à ériger en une confrérie, et qui n'avait assurément rien de commun avec le « pui » d'Arras. Le *Jeu de la Feuillée* n'a été représenté ni pour ce « pui » ni par les membres de ce « pui ».

Les spectateurs étaient sans doute des amis, et les amis des amis. Y avait-il des spectatrices? Pourquoi pas? Un ou deux mots salés, un ou deux gestes grossiers ne me paraissent plus un argument péremptoire contre la présence au spectacle de femmes, parfaitement honnêtes, mais d'une condition sociale peu raffinée. La haute bourgeoisie, à cette époque, se tenait à l'écart des divertissements populaires. Les plaisanteries sur des ménagères qui portaient les

Agnès » du *Nécrologe* avec Agnès Douce du Jeu (la première peut être une sœur aînée de la seconde); je suppose que Mahieu L'Anstier s'est marié deux fois au moins, et j'admets que la « feme Wautier Mulet » n'est pas l'épouse, mais la veuve de Wautier Mulet.

chausses, sur la propre femme d'Adam, sur l'embonpoint de dame Douche n'ont rien d'offensant dans la pensée du poète, et les intéressées pouvaient être les premières à en rire; en leur absence, ces plaisanteries perdent beaucoup de leur sel. Les traits qui visent des hommes n'ont pas, en général, d'autre portée; cependant, quelques brocards relèvent de la satire; assurément, les Robert Sommeillon, les Ermenfroi Crespin, les Jacquemon Louchart n'étaient pas invités à la représentation.

Les douze premiers vers du Jeu sont de douze syllabes, groupés en trois quatrains monorimes; tous les autres sont de huit syllabes. Les v. 33 à 182, 837 à 872 sont disposés en sixains a a b c c b, les autres sont accouplés en rime plate. Ce mélange se trouve déjà dans le *Jeu de Saint-Nicolas*, de Bodel, avec une proportion plus grande de sixains; on le retrouve aussi dans *Courtois d'Arras*. La rime est pauvre et ne commence en général qu'à la voyelle accentuée, lors même que celle-ci n'est suivie d'aucun son; mais elle est exacte, à deux exceptions près, qui sont *clerc : esprec* 476-478, *puis : requis* 697-698.

III. Constitution du texte et graphie. — Le texte du manuscrit de Rome a été imprimé par A. Keller dans son *Romvart*, p. 316 (Mannheim et Paris, 1846). Une copie du même manuscrit, faite par La Curne de Sainte-Palaye, se trouve à la bibliothèque de l'Arsenal, B. L. 3203. Les deux manuscrits de la Bibliothèque nationale et la copie de l'Arsenal avaient été publiés, à la suite l'un de l'autre, antérieurement au *Romvart*, dans le *Théâtre français au moyen âge* de L.-J.-N. Monmerqué et Fr. Michel (Paris, 1842). Le Dr A. Rambeau a donné des trois manuscrits une reproduction diplomatique dans un petit volume intitulé *Die dem Trouvere Adam de la Hale zugeschriebenen Dramen : Li jus du Pelerin, Li gieus de Robin et de Marion, Li jus Adan* (Marbourg, 1886[1]). J'ai gardé pour chacun des trois manu-

1. *Ausgaben und Abhandlungen aus dem Gebiete der romanischen Philologie*, LVIII.

scrits les initiales *P*, *Pb*, *V*, par lesquelles ils sont désignés dans la publication de M. Rambeau.

Les leçons communes à *Pb* et à *V*, à l'exclusion de *P*, sont relativement nombreuses ; une d'entre elles au moins me paraît être une faute certaine : v. 3 *Or* (*Pb*, *V*), au lieu de *Si* (*P*) ; la réduction du Jeu à la première scène en est une autre. J'en conclus, *Pb* et *V* ne dérivant pas l'un de l'autre, que tous deux descendent d'un ancêtre commun, qui ne contenait déjà plus que le début de la pièce. Celle-ci était trop étroitement liée à la date où elle a dû être jouée pour que, quelques mois seulement plus tard, elle pût être représentée de nouveau.

Le dialogue est encore indiqué dans *V*, mais des interlocuteurs Adam seul est désigné, les autres noms ont été remplacés par des indications vagues, telles que « un autre ». Dans *Pb*, les vers se suivent sans interruption. Dans *P*, les personnages sont régulièrement annoncés (sauf deux erreurs), mais d'une écriture et dans une forme ou une graphie qui diffèrent de celles du texte : *Aurris*, *Gillos*, *Rainelet*, *Dame Douche*, *Croquesot* du texte deviennent en interligne *Auris*, *Guillos*, *Rainnelet*, *Douce Dame* d'abord, puis *Dame Douce*[1], *Crokesot* (sauf une fois *Croquesot*). De même, sauf exceptions, *Rikier*, *Rikece* en rubrique, et *Riquier*, *Riqueche* dans le texte.

Lorsque *P* est d'accord avec l'un des deux autres manuscrits, la leçon est assurée, mais lorsque *Pb* et *V* opposent une même leçon à celle de *P*, le choix peut être embarrassant. Je m'en suis tenu le plus souvent à *P*. A partir du v. 175, je n'ai eu qu'à suivre *P*, j'en ai corrigé quelques fautes évidentes, mais sans remplacer les v. 802 et 1057, oubliés par le copiste.

Si les manuscrits n'avaient jamais été publiés, j'aurais reproduit la graphie de *P*, mais celle-ci pouvant être facilement retrouvée dans les publications antérieures, je n'ai

1. Une fois *li grosse femme* (avec deux *m*, tandis que dans le texte *feme* n'en a jamais qu'une).

éprouvé aucun scrupule à la modifier lorsqu'elle était contraire soit à la prononciation artésienne, soit aux habitudes des scribes d'Arras dans la seconde moitié du XIIIe siècle, ou pouvait être mal interprétée, ou représentait une évolution des sons trop avancée.

Le poème n'a qu'une seule rime en *-ours*, elle réunit *ó* libre et *ó* entravé, *amours : aillours* (709-710). La même alliance de sons se retrouve dans trois chansons (de Couss., XIII, XVII, XX; Berg., XIII, XVIII, XXI) et dans le *Roi de Sezile* (laisse I). Dans aucune des œuvres d'Adam on ne trouve la distinction entre *ó* libre et *ó* entravé à la terminaison devant *rs*[1].

Au singulier, deux rimes en *ó + r* entravé (607-608, 1024-1025) sont distinctes de quatre rimes en *ó + r* libre (60-61, 161-164, 757-758, 791-792), et les deux sons ne se trouvent réunis dans aucune rime de la pièce; *ó + r* entravé est seul en rime dans le rondeau VI, le motet II et dans *Robin et Marion*, v. 13-14, 230-231; *ó + r* libre seul dans le *Congé*, str. I; mais les deux voyelles sont réunies dans quatre chansons (de Couss. et Berg., X, XI, XII, XIII) et dans le jeu-parti VIII[2]. Le poète admettait donc encore, au moins en littérature, aussi bien devant *r* finale seule que devant *rs*, l'assimilation d'*ó* libre à *ó* entravé[3].

Les terminaisons *-ils* (*chils*, *fils*) et *-iels* (*miels*) sont con-

1. Une rime en *ó+rs* libre dans les *Chansons et Dits artésiens*, VI, 49-50; une dans les *Congés* de Fastoul, v. 459-468; une en *ó+rs* entravé dans les *Chans. et Dits*, XXI, 109-110; la même dans *Courtois d'Arras*, v. 70-71; une réunissant l'*ó* libre et l'*ó* entravé devant *rs* dans *Courtois*, v. 185-186.

2. Des rimes en *ó+r* libre dans les *Chans. et Dits*, X, 31-32; XIII, I; XV, 57-58, 95-96; XVI, 47-48; XX, 59-60; les *Vers de la mort* de Robert Le Clerc, CXLVI; les *Congés* de Fastoul, v. 87-95, 602-611, 639-647. L'*ó* libre et l'*ó* entravé devant *r* réunis dans les *Chans. et Dits*, IV, 34-38; les *Congés* de Fastoul, v. 579-587.

3. Dans les documents d'archives d'Arras, tels qu'ils ont été publiés, on trouve déjà pour *ó* libre, vers 1260, plus souvent *eur* et même *eurs* que *our* et *ours*.

fondues en un son que les scribes représentent par *ius* ou par *ieus*. Le copiste de *P* écrit *ieus;* j'ai gardé cette graphic.

Pau et *peu* se trouvent à la rime, chacun une fois; hors de la rime le ms. donne toujours *peu*, j'ai fait de même; *ou* (lat. *ubi*, *aut*) étant beaucoup plus fréquent dans le ms. que *u*, je l'ai adopté; le *w* germanique devant *a* est toujours représenté dans *P* et *Pb* par *w*, ou quelquefois *v*, sauf dans *garder* et ses dérivés, ou *w* alterne avec *g*; j'ai partout écrit *w*. Sous l'influence du ms., j'ai préféré *du* à *dou*, la graphie *coi* (lat. *quid*, *quietus*), à *quoi*.

Les scribes artésiens, au XIIIe siècle, emploient *k* et *qu* devant *e*, *i;* le copiste de *P* écrit plus souvent *qu*, quelquefois *c* ou *ch*, mais il n'exclut pas *k* et ne craint pas de réunir deux graphies dans la même rime, *rikes : friques;* dans les rubriques, *k* est exclusivement employé. J'ai adopté les deux graphies *k* et *qu*, pourvu que la même s'appliquât toujours au même mot. On écrivait *hom* < homo, *hui* < hodie, pour éviter la confusion avec *on* pronom et *vi :* j'ai gardé ces formes[1].

1. Je n'ai rien trouvé dont pût profiter cette édition dans l'étude sur la langue d'Adam de F. Helfenbein, *Die Sprache des Trouvère Adam de la Halle aus Arras* (*Zeitschrift für romanische Philologie*, XXXV, p. 309-363, 397-435).

PERSONNAGES

Maître Adam, Adam.
Maître Henri, Henri de la Halle, père d'Adam.
Rikier Auri, Rikeche.
Hane Le Merchier.
Gillot Le Petit, Gillot.
Raoul Le Waisdier, Rauelet, tavernier (« oste »).
Un médecin (« fisiscien »).
Rainelet.
Dame Douche.
Walet.
Un moine porteur de reliques.
Un fou (« dervé »).
Le père du fou.
Croquesot, messager de Hellekin.
Morgue, fée.
Maglore, fée.
Arsile, fée.
Walaincourt, un des figurants.
La foule (« le commun »), figurants ou spectateurs.

LI JUS ADAN

ADANS

Seigneur, savés pour coi j'ai men abit cangiét?
J'ai esté avoec feme, or revois au clergiét;
Si avertirai chou ke j'ai piech'a songiét.
Mais je voeil a vous tous avant prendre congiét.
Or ne pourront pas dire aucun ke j'ai antés
Ke d'aler a Paris soie pour nient vantés.
Cascuns puet revenir, ja tant n'iert encantés;
Après grant maladie ensiut bien grans santés.
D'autre part je n'ai mie chi men tans si perdu
Ke je n'aie a amer loiaument entendu :
Encore pert il bien as tès queus li pos fu.
Si m'en vois a Paris.

RIKECHE AURIS

Caitis, k'i feras tu?
Onques d'Arras boins clers n'issi,
Et tu le veus faire de ti!
Che seroit grans abusions.

ADANS

N'est mie Rikiers Amions
Boins clers et soutieus en sen livre?

HANE LI MERCHIERS

Oïl : « pour deus deniers le livre »,
Je ne voi k'il sache autre cose.
Mais nus reprendre ne vous ose,
Tant avés vous muavle kief.

RIKIERS

Cuidiés vous k'il venist a kief,
Biaus dous amis, de chou k'il dit?

ADANS

Cascuns mes paroles despit,
Che me sanle, et giete mout loing,
Mais, puis ke che vient au besoing,
Et ke par mi m'estuet aidier,
Sachiés je n'ai mie si kier
Le sejour d'Arras ne le joie
Ke l'aprendre laissier en doie.
Puis ke Dieus m'a donné engien,
Tans est ke je l'atour a bien.
J'ai chi assés me bourse escousse.

GILLOS LI PETIS

Ke devenra dont li pagousse,
Me commere dame Maroie?

ADANS

Biaus sire, avoec men pere iert chi.

GILLOS

Maistres, il n'ira mie ensi,
S'ele se puet metre a le voie,
Car bien sai, s'onques le connui,
Ke s'ele vous i savoit hui,
K'e demain iroit sans respit.

ADANS

Et savés vous ke je ferai?
Pour li espanir meterai
De le moustarde seur men vit.

GILLOS

Maistre, tout chou ne vous vaut nient,
Ne li cose a chou point ne tient.
Ensi n'en poés vous aler,
Car, puis ke sainte eglise apaire
Deus gens, che n'est mie a refaire.
Warde estuet prendre a l'engrener.

ADANS

Par foi, tu dis a devinaille,
Aussi com « par chi le me taille ».
Ki s'en fust wardés a l'emprendre?
Amours me prist en itel point
Ou li amans deus fois se point
S'il se veut contre li deffendre;
Car pris fui ou premier boullon
Tout droit en le verde saison
Et en l'aspreche de jouvent,
Ou li cose a plus grant saveur,
Ne nus ne cache sen meilleur,
Fors chou ki li vient a talent.
Esté faisoit bel et seri,
Douc et vert et cler et joli,
Delitavle en cans d'oiseillons;
En haut bos, près de fontenele
Courant seur maillie gravele,
Adont me vint avisions
De cheli ke j'ai a feme ore,
Ki or me sanle pale et sore;
Adont estoit blanke et vermeille,
Rians, amoureuse et deugie,
Or le voi crasse et mautaillie,
Triste et tenchant.

RIKIERS

Ch'est grans merveille.
Voirement estes vous muavles,
Quant faitures si delitavles
Avés si briement ouvlïees.
Bien sai pour coi estes saous.

ADANS

Pour coi?

RIKIERS

Ele a fait envers vous
Trop grant markiét de ses denrees.

ADANS

Tproupt! Rikeche, a chou ne tient point,
Mais Amours si le gent enoint
Et cascune grasse enlumine
En feme et fait sanler plus grande,
Si c'on cuide d'une truande
Bien ke che soit une roïne.
Si crin sanloient reluisaut
D'or, roit et crespe et fremiant,
Or sont keü, noir et pendic.
Tout me sanle ore en li mué.
Ele avoit front bien compassé,
Blanc, onni, large, fenestric,
Or le voi cresté et estroit.
Les sourchieus par sanlant avoit
Enarcans, soutieus et ligniés
De brun poil con trais de pinchel,
Pour le rewart faire plus bel;
Or les voi espars et drechiés
Con s'il voelent voler en l'air.

Si noir oeil me sanloient vair,
Sec et fendu, prest d'acointier,
Gros dessous deliiés fauchiaus,
A deus petis plochons jumiaus,
Ouvrans et cloans a dangier
En rewars simples amoureus;
Puis si descendoit entre deus
Li tuiaus du nés bel et droit,
Compassés par art de mesure,
Ki li donnoit fourme et figure,
Et de gaieté souspiroit.
Entour avoit blankes maisseles,
Faisans au rire deus foisseles,
Un peu nuees de vermeil,
Parans dessous le cuevrekief.
Ne Dieus ne venist mie a kief
De faire un viaire pareil
Ke li siens, adont me sanloit.
Li bouke après se poursievoit,
Graille as cors et grosse ou moilon,
Freske et vermeille comme rose;
Blanke denture, jointe et close.
En après fourchelé menton
Dont naissoit li blanke gorgete,
Dusk'as espaules sans fossete,
Onnie et grosse en avalant;
Haterel poursievant derriere,
Sans poil, blanc et gros de maniere,
Seur le cote un peu reploiant.
Espaules qui point n'encrukoient,
Dont li lonc brac adevaloient,
Gros et graille ou il aferoit.
Encore estoit tout chou du mains,

Ki rewardoit ches blankes mains,
Dont naissoient chil bel lonc doit
A basse jointe, graille en fin,
Couvert d'un bel ongle sanguin,
Près de le car onni et net.
Or venrai au moustrer devant,
De le gorgete en avalant :
Et premiers au pis camuset,
Dur et court, haut et de point bel,
Entrecloant le ruiotel
D'Amours, ki kiét en le fourchele;
Boutine avant et rains vauties,
Ke manche d'ivoire entaillies
A ches coutiaus a demoisele.
Plate hanke, ronde gambete,
Gros braon, basse kevillete,
Pié vautic, haingre, a peu de car.
En li me sanloit tel devise.
Si cuit ke dessous se kemise
N'aloit pas li sourplus en dar.
Et ele perchut bien de li
Ke je l'amoie mieus ke mi,
Si se tint vers mi fierement;
Et com plus fiere se tenoit,
Plus et plus croistre en mi faisoit
Amour et desir et talent.
Avoec se merla jalousie,
Desesperanche et derverie.
Et plus et plus fui en ardeur
Pour s'amour et mains me connui,
Tant c'ainc puis aaise ne fui,
Si oi fait d'un maistre un seigneur.
Boines gens, ensi fui jou pris

Par Amours, ki si m'ot souspris;
Car faitures n'ot pas si beles
Comme Amours les me fist sanler;
Mais Desirs les me fist gouster
A le grant saveur de Vaucheles.
S'est drois ke je me reconnoisse
Tout avant ke me feme engroisse
Et ke li cose plus me coust,
Car mes fains en est apaiés.

RIKIERS

Maistre, se vous le me laissiés,
Ele me venroit bien a goust.

MAISTRE ADANS

Ne vous en meskerroie a pieche.
Dieu pri ke il ne m'en meskieche :
N'ai mestier de plus de mehaing;
Ains vaurrai me perte rescourre,
Et, pour aprendre, a Paris courre.

MAISTRE HENRIS

A! biaus dous fieus, ke je te plaing,
Quant tu as chi tant atendu,
Et pour feme ten tans perdu!
Or fai ke sages, reva t'ent.

GILLOS LI PETIS

Or li donnés dont de l'argent :
Pour nient n'est on mie a Paris.

MAISTRE HENRIS

Las! Dolans! Ou seroit il pris?
Je n'ai mais ke vint et nuef livres!

HANE LI MERCHIERS

Pour le cul Dieu! estes vous ivres?

MAISTRE HENRIS

Naie, je ne bui hui de vin.
J'ai tout mis en canebustin.
Honnis soit ki le me loa!

MAISTRE ADANS

K'i a? K'i a? K'i a? K'i a?
Or puis seur chou estre escoliers!

MAISTRE HENRIS

Biaus fieus, fors estes et legiers,
Si vous aiderés a par vous.
Je sui uns vieus hom plains de tous,
Enfers et plains de rume et fades.

LI FISISCIENS

Bien sai de coi estes malades.
Foi ke doi vous, maistre Henri,
Bien voi vo maladie chi;
Ch'est uns maus c'on claime avarisse.
S'il vous plaist ke je vous garisse,
Coiement a mi parlerés.
Je sui maistre bien acanlés,
S'ai des gens amont et aval
Cui je garirai de chest mal;
Nommeement en cheste vile
En ai jou bien plus de deus mile
Ou il n'a respas ne confort.
Halois en gist ja a le mort,
Entre lui et Robert Cosel,
Et che bietu le Faverel;
Aussi fait trestous leur lignages.

GILLOS LI PETIS

Par foi, che n'iert mie damages
Se cascuns estoit mors tous frois.

LI FISISCIENS

Aussi ai jou deus Ermenfrois,
L'un de Paris, l'autre Crespin,
Ki ne font fors traire a leur fin
De cheste cruel maladie,
Et leur enfant et leur lignie.
Mais de Haloi est che grans hides,
Car il est de lui omicides;
S'il en muert, ch'iert par s'okison,
Car il acate mort pisson,
S'est grans merveille k'il ne crieve.

MAISTRE HENRIS

Maistre, k'est che chi ki me lieve?
Vous connissiés vous en chest mal?

LI FISISCIENS

Preudon, as tu point d'orinal?

MAISTRE HENRIS

Oie, maistre, vés ent chi un.

LI FISISCIENS

Fesis tu orine a enjun?

MAISTRE HENRIS

Oie.

LI FISISCIENS

Cha dont, Dieus i ait part.
Tu as le mal saint Lïenart,
Biaus preudon, je n'en voeil plus vir.

MAISTRE HENRIS

Maistre, m'en estuet il gesir?

LI FISISCIENS

Nenil, ja pour chou n'en gerrés.
J'en ai trois ensi atirés
Des malades en cheste vile.

MAISTRE HENRIS

Ki sont il?

LI FISISCIENS

Jehans d'Autevile,
Willaumes Wagons, et li tiers
A a non Adans Li Anstiers.
Cascuns est malades de chiaus
Par trop plain emplir leur bouchiaus;
Et pour ch'as le ventre enflé si.

DAME DOUCHE

Biaus maistre, consilliés m'aussi,
Et si prendés de men argent,
Car li ventres aussi me tent
Si fort ke je ne puis aler.
S'ai aportee, pour moustrer
A vous, de trois lieues m'orine.

LI FISISCIENS

Chis maus vient de gesir souvine,
Dame, che dist chis orinaus.

DAME DOUCHE

Vous en mentés, sire ribaus;
Je ne sui mie tel barnesse.
Onques pour don ne pour premesse
Tel mestier faire je ne vauc.

LI FISISCIENS

Et j'en ferai warder ou pauc,
Pour acomplir vostre menchoigne.
Rainelet, il couvient c'on oigne
Ten pauc; lieve sus un petit.
Mais avant estuet c'on le nit.
Fait est. Rewarde en cheste crois
Et si di chou que tu i vois.

DAME DOUCHE

Bien voeil chertes c'on die tout.

RAINELÈS

Dame, je voi chi c'on vous fout.
Pour nului n'en chelerai rien.

LI FISISCIENS

Enhenc! Dieus! je savoie bien
Comment li besoigne en aloit.
Li orine point n'en mentoit.

DAME DOUCHE

Tien. Honnis soit te rousse teste!

RAINELÈS

Anwa? Che n'est mie chi feste.

LI FISISCIENS

Ne t'en caut, Rainelet, biaus fieus.
Dame, par amours, ki est chieus
De cui vous chel enfant avés?

DAME DOUCHE

Sire, puis ke tant en savés,
Le sourplus n'en chelerai ja.
Chieus vieus leres le waaigna,
Si puisse jou estre delivre.

RIKIERS

Ke dit chele feme? Est ele ivre?
Me met ele sus sen enfant?

DAME DOUCHE

Oie.

RIKIERS

N'en sai ne tant ne quant.
Quant fust avenus chieus afaires?

DAME DOUCHE

Par foi, il n'a encore waires.
Che fu un peu devant quaresme.

GILLOS

Ch'est trop boin a dire vo feme,
Rikier; li volés plus mander?

RIKIERS

Ha! gentieus hom, laissiés ester.
Pour Dieu, n'esmouvés mie noise.
Ele est de si male despoise
K'ele croit chou ke point n'avient.

GILLOS

A Dieu foi, bien ait cui on crient!
Je tieng a sens et a vaillanche
Ke les femes de le Waranche
Se font cremir et ressoignier.

HANE

Li feme aussi Mahieu L'Anstier,
Ki fu feme Ernoul de le Porte,
Fait ke on le crient et deporte.
Des ongles s'aïe et des dois
Vers le baillieu de Vermandois.
Mais je tieng sen baron a sage
Ki se taist.

RIKIERS

Et en che visnage
A chi aussi deus baisseletes.
L'une en est Margos As Pumetes,
Li autre Aelis Au Dragon.
Et l'une tenche sen baron.
Li autre quatre tans parole.

GILLOS

A! vrais Dieus! aporte une estole :
Chieus a nommé deus anemis.

HANE

Maistre, ne soiés abaubis
S'il me couvient nommer le voe.

ADANS

Ne m'en caut, mais k'ele ne l'oe.
S'en sai je bien d'aussi tenchans :
Li feme Henri des Arjans,
Ki grate et resproe c'uns cas.
Et li feme maistre Thomas
De Darnestal, ki maint la hors.

HANE

Chestes ont chent diavles ou cors,
Se je fui onques fieus men pere.

ADANS

Aussi a dame Eve vo mere.

HANE

Vo feme, Adan, ne l'en doit waires.

LI MOINES

Seigneur, me sires sains Acaires
Vous est chi venus visiter.
Si l'aprochiés tout pour ourer,

Et si meche cascuns s'offrande,
K'il n'a saint desi en Irlande
Ki si beles miracles fache;
Car l'anemi de l'ome encache
Par le saint miracle devin,
Et si warist de l'esvertin
Communement et sos et sotes.
Souvent voi des plus ediotes
A Haspre no moustier venir
Ki sont haitié au departir;
Car li sains est de grant merite;
Et d'une abenghete petite
Vous poés bien faire dou saint.

MAISTRE HENRIS

Par foi, dont lo jou c'on i maint
Walet, ains k'il voist empirant.

RIKIERS

Or cha, sus, Walet, passe avant;
Je cuit plus sot de ti n'i a.

WALÈS

Sains Akaires, ke Dieus kia,
Donne m'assés de pois pilés,
Car je sui, voi, un sos clamés,
Si sui mout liés ke je te voi,
Et si t'aporc, si con je croi,
Biaus niés, un boin froumage cras;
Tout maintenant le mengeras.
Autre feste ne te sai faire.

MAISTRE HENRIS

Walet, foi ke dois saint Acaire,
Que vaurroies tu avoir mis

Et tu fusses mais a toudis
Si boins menestreus con tes peres ?

WALÈS

Biaus niés, aussi boins vïeleres
Vaurroie ore estre comme il fu
Et on m'eüst ore pendu
Ou on m'eüst caupé le teste.

LI MOINES

Par foi, voirement est chieus beste.
Droit a s'il vient a saint Acaire.
Walet, baise le saintuaire
Errant, pour le presse qui sourt.

WALÈS

Baise aussi, biaus niés, Walaincourt.

LI MOINES

Ho! Walet, biaus niés, va te sir.

DAME DOUCHE

Pour Dieu, sire, voeilliés m'oïr.
Chi envoient deus estrelins
Colars de Bailloel et Heuvins,
Car il ont ou saint grant fianche.

LI MOINES

Bien les connois trés kes enfanche,
K'aloient tendre as pavillons.
Metés chi devens ches billons
Et puis les amenés demain.

WALÈS

Vés chi pour Wautier A le Main.
Faites aussi priier pour lui;

Aussi est il malades hui
Du mal ki li tient ou chervel.

HANE

Or en faisons tout le veel,
Pour chou c'on dist k'il se coureche.

LI COMMUNS

Moie!

LI MOINES

N'est il mais nus ki meche?
Avés vous le saint ouvlïé?

HENRIS DE LE HALE

Et vés chi un mencaut de blé
Pour Jehan Le Keu, no serjant.
A saint Acaire le commant :
Piech'a ke il li a voué.

LI MOINES

Frere, tu l'as bien commandé.
Et ou est il k'il ne vient chi?

HENRIS

Sire, li maus l'a rengrami,
Si l'a on un petit coukiét.
Demain revenra chi a piét,
Se Dieu plaist, et il ara mieus.

LI PERES

Or cha, levés vous sus, biaus fieus,
Si venés le saint aourer.

LI DERVÉS

Ke ch'est? Me volés vous tuer?
Fieus a putain, leres erites,

Creés vous la ches ypocrites?
Laissiés m'aler, car je sui rois.

LI PERES

Ha! biaus dous fieus, seés vous cois,
Ou vous arés des envïaus.

LI DERVÉS

Non ferai; je sui uns crapaus,
Et si ne mengüe fors raines.
Escoutés, je fach les araines :
Est che bien fait? Ferai je plus?

LI PERES

Ha! biaus dous fieus, seés vous jus,
Si vous metés a genoillons,
Se che non, Robers Sommeillons,
Ki est nouviaus prinches du pui,
Vous ferra.

LI DERVÉS

Bien kiiét de lui.
Je sui mieus prinches k'il ne soit.
A sen pui canchon faire doit
Par droit maistre Wautiers As Paus,
Et uns autres leur paringaus
Ki a non Thomas de Clari.
L'autrier vanter les en oï.
Maistre Wautiers ja s'entremet
De canter par mi le cornet,
Et dit k'il sera couronés.

MAISTRE HENRIS

Dont sera chou au ju des dés,
K'il ne quierent autre deduit.

LI DERVÉS

Escoutés ke no vake muit.
Maintenant le vois faire prains.

LI PERES

Ha! sos puans, ostés vos mains
De mes dras, ke je ne vous frape.

LI DERVÉS

Ki est chieus clers a chele cape?

LI PERES

Biaus fieus, ch'est uns parisiens.

LI DERVÉS

Che sanle mieus uns pois baiens.
Bau!

LI PERES

Ke ch'est? Taisiés pour les Dames.

LI DERVÉS

S'il li souvenoit des bigames,
Il en seroit mains orgueilleus.

RIKIERS

Enhenc! maistre Adan, or sont deus.
Bien sai ke cheste chi est voe.

ADANS

Ke sét il k'il blasme ne loe?
Point n'aconte a cose k'il die,
Ne bigames ne sui je mie.
Et s'en sont il de plus vaillans.

MAISTRE HENRIS

Chertes, li meffais fu trop grans,
Et cascuns le pape encosa,

Quant tant de boins clers deposa.
Ne pourquant n'ira mie ensi,
Car aucun se sont aati,
Des plus vaillans et des plus rikes,
Qui ont trouvees raisons frikes,
Qu'il prouveront tout en apert
Que nus clers par droit ne dessert
Pour mariage estre asservis;
Ou mariages vaut trop pis
Ke demourer en soignantage.
Comment ont prelat l'avantage
D'avoir femes a remuier
Sans leur previlege cangier,
Et uns clers si pert se frankise
Par espouser en sainte eglise
Feme ki ot autre baron!
Et li fil a putain, laron,
Ou nous devons prendre peuture,
Mainent en pekiét de luxure
Et si goent de leur clergie!
Romme a bien le tierche partie
Des clers fais sers et amatis.

GILLOS

Plumus s'en est bien aatis,
Se se clergie ne li faut,
K'il ravera che c'on li taut
Pour a metre un peson d'estoupes.
Li papes ki en chou ot coupes
Est eüreus quant il est mors :
Ja ne fust si poissans ne fors
C'ore ne l'eüst deposé.
Mal li eüst onques osé

Tolir previlege de clerc,
Car il li eüst dit esprec,
Et si eüst fait l'escarbote.

HANE

Mout est sages s'il ne radote.
Mais Mados et Gilles de Sains
Ne s'en atissent mie mains.
Maistre Gilles iert avocas,
Si metera avant les cas
Pour leur previlege ravoir,
Et dit k'il livrera savoir
Se Jehans Crespins livre argent.
Et Jehans leur a en couvent
K'il livrera de l'aubenaille,
Car mout iert dolans s'on le taille.
Chis fera du frait par tout fin.

MAISTRE HENRIS

Mais près de mi sont doi voisin,
En Chité, qui sont boin notaire,
Car il s'atissent bien de faire
Pour nient tous les escris du plait,
Car le fait tienent a trop lait
Pour chou k'il sont andoi bigame.

GILLOS

Ki sont il?

MAISTRE HENRIS

Colars Fousedame,
Et s'est Gilles de Bouvignies.
Chist noteront par aaties,
Ensanle plaideront pour tous.

GILLOS

Enhenc! Maistre Henri, et vous,
Plus d'une feme avés eüe,
Et, s'avoir volés leur aiüe,
Metre vous i couvient du voe.

MAISTRE HENRIS

Gillot, me faites vous le moe?
Par Dieu! je n'ai goute d'argent:
Si n'ai mie a vivre granment,
Et si n'ai mestier de plaidier.
Point ne me couvient ressoignier
Les tailles pour cose ke j'aie.
Il prengnent Marïen Le Jaie,
Aussi sét ele plais assés.

GILLOS

Voire voir, assés amassés.

MAISTRE HENRIS

Non fach; tout emporte li vins.
J'ai servi lonc tans eskievins,
Si ne voeil point estre contre aus.
Je perderoie anchois chent saus
Ke j'ississe de leur acort.

GILLOS

Toudis vous tenés au plus fort:
Chou wardés vous, maistre Henri.
Par foi, encore est çhe bien chi
Uns des trais de le vielle danse.

LI DERVÉS

A! hai! Chis a dit c'on me manse
Le gueule. Je le vois tuer.

LI PERES AU DERVÉ

A! biaus dous fieus, laissiés ester.
Ch'est des bigames k'il parole.

LI DERVÉS

Et vés me chi pour l'apostole.
Faites le dont avant venir.

LI MOINES

Aimi! Dieus! K'il fait boin oïr
Che sot la! car il dist merveilles.
Preudon, dist il tant de brubeilles
Quant il est ensus de le gent?

LI PERES

Sire, il n'est onques autrement.
Toudis rede il ou cante ou brait,
Et si ne sét onques k'il fait,
Encore sét il mains k'il dit.

LI MOINES

Combien a ke li maus li prist?

LI PERES

Par foi, sire, il a bien deus ans.

LI MOINES

Et dont estes vous?

LI PERES

De Duisans.
Si l'ai wardé a grant meskief.
Eswardés k'il hoche le kief :
Ses cors n'est onques a repos.
Il m'a bien brisiét deus chens pos;
Car je sui potiers a no vile.

LI DERVÉS

J'ai d'Anseïs et de Marsile
Bien oï canter Hesselin.
Di je voir? Tesmoing che tatin.
Ai je emploiét bien trente saus?
Il me bat tant, chis grans ribaus,
Ke devenus sui uns cholès.

LI PERES

Il ne sét k'il fait li varlès.
Bien i pert quant il bat sen pere.

LI MOINES

Biaus preudon, par l'ame te mere,
Fai bien : maine l'ent en maison.
Mais fai chi avant t'orison
Et offre du tien, se tu l'as,
Car il est de veillier trop las;
Et demain le ramenras chi,
Quant un peu il ara dormi.
Aussi ne fait il fors rabaches.

LI DERVÉS

Dit chieus moines ke tu me baches?

LI PERES

Nenil. Biaus fieus, alons nous ent.
Tenés, je n'ai or plus d'argent.
Biaus fieus, alons dormir un pau,
Si prendons congiét a tous.

LI DERVÉS

Bau!

RIKECHE AURIS

K'est chou? Seront hui mais riotes?
N'arons hui mais fors sos et sotes?

Sire moines, volés bien faire?
Metés en sauf vo saintuaire.
Je sai bien se pour vous ne fust
Ke piech'a chi endroit eüst
Grant merveille de faerie :
Dame Morgue et se compaignie
Fust ore assise a cheste tavle;
Car ch'est droite coustume estavle
K'eles vienent en cheste nuit.

LI MOINES

Biaus dous sire, ne vous anuit :
Puis k'ensi est, je m'en irai.
Offrande hui mais n'i prenderai,
Mais souffrés viaus ke chaiens soie
Et ke ches grans merveilles voie.
N'es kerrai, si verrai pour coi.

RIKECHE

Or vous taisiés dont trestout coi.
Je ne cuit pas k'ele demeure.
Car il est aussi ke seur l'eure;
Eles sont ore ens ou kemin.

GILLOS

J'oi le maisnie Hellekin,
Mien ensïent, ki vient devant.
Et mainte clokete sonnant.
Si croi bien ke soient chi près.

LI GROSSE FEME

Venront dont les fees après

GILLOS

Si m'aït Dieus. je croi c'oïl.

RAINELÈS A ADAN

Aimi! sire, il i a peril.
Je vaurroie ore estre en maison.

ADANS

Tais t', il n'i a fors ke raison.
Che sont beles dames parees.

RAINELÈS

En non Dieu, sire, ains sont les fees.
Je m'en vois.

ADANS

Sié ti, ribaudiaus.

CROKESOS

Me siét il bien li hurepiaus?
K'est chou? N'i a il chi autrui?
Mien ensïent, decheüs sui
En chou ke j'ai trop demouré;
Ou eles n'ont point chi esté.
Dites, me vielle reparee :
A chi esté Morgue li fee,
Ne ele ne se compaignie?

DAME DOUCHE

Nenil, voir, je ne les vi mie.
Doivent eles par chi venir?

CROKESOS

Oïl, et mengier a loisir,
Ensi c'on m'a fait a entendre.
Chi les me couvenra atendre.

RIKECHE

A cui iés tu, di, barbustin?

CROKESOS

Ki? Jou?

RIKECHE

Voire.

CROKESOS

Au roi Hellekin,
Ki chi m'a tramis en message
A me dame Morgue le sage,
Ke me sire aime par amour;
Si l'atenderai chi entour,
Car eles me misent chi lieu.

RIKECHE

Seés vous dont, sire courlieu.

CROKESOS

Volentiers, tant k'eles venront.
O! vés les chi.

RIKIERS

Voirement sont.
Pour Dieu, or ne parlons nul mot.

MORGUE

A bien viegnes tu, Crokesot.
Ke fait tes sires Hellekins?

CROKESOS

Dame, ke vostres amis fins.
Si vous salue; ier de lui mui.

MORGUE

Dieus beneïe vous et lui!

CROKESOS

Dame, besoigne m'a carquie
Qu'il veut que de par luì vous die,
Si l'orrés quant il vous plaira.

MORGUE

Crokesot, sié t'un petit la;
Je t'apelerai maintenant.
Or cha, Maglore, alés avant,
Et vous, Arsile, d'après li,
Et jou meïsmes serrai chi,
Encoste vous en che debout.

MAGLORE

Vois, je sui assise de bout,
Ou on n'a point mis de coutel.

MORGUE

Je sai bien ke j'en ai un bel.

ARSILE

Et jou aussi.

MAGLORE

Et k'est che a dire
Ke nul n'en ai? Sui je li pire?
Si m'aït Dieus, peu me prisa
Ki estavli ne avisa
Ke toute seule a coutel faille.

MORGUE

Dame Maglore, ne vous caille,
Car nous de cha en avons deus.

MAGLORE

Tant est a mi plus grans li deus,
Quant vous les avés et jou nient.

ARSILE

Ne vous caut, dame; ensi avient.
Je cuit c'on ne s'en donna warde.

MORGUE

Bele douche compaigne, eswarde
Ke chi fait bel et cler et net.

ARSILE

S'est drois ke chieus ki s'entremet
De nous appareillier tel lieu
Ait biau don de nous.

MORGUE

Soit par Dieu.
Mais nous ne savons ki chieus est.

CROKESOS

Dame, anchois ke tout chou fust prest,
Ving je chi si ke on metoit
Le tavle et c'on appareilloit;
Et doi clerc s'en entremetoient,
S'oï ke ches gens apeloient
L'un de ches deus Rikeche Auri,
L'autre Adan, fil maistre Henri;
S'estoit en une cape chieus.

ARSILE

S'est bien drois k'il leur en soit mieus,
Et ke cascune un don i meche.
Dame, ke donrés vous Rikeche?
Commenchiés.

MORGUE

Je li doins don gent :
Je voeil k'il ait plenté d'argent.
Et de l'autre, voeil k'il soit teus
Ke che soit li plus amoureus
Ki soit trouvés en nul païs.

ARSILE

Aussi voeil je k'il soit jolis
Et boins faiseres de canchons.

MORGUE

Encore faut a l'autre uns dons.
Commenchiés.

ARSILE

Dame, je devise
Ke toute se markeandise
Li viegne bien et monteplit.

MORGUE

Dame, or ne faites tel despit
K'il n'aient de vous aucun bien.

MAGLORE

De mi, chertes, n'aront il rien.
Bien doivent fallir a don bel
Puis ke j'ai falli a coutel.
Honnis soit ki rien leur donra!

MORGUE

Ha! dame, che n'avenra ja
K'il n'aient de vous coi ke soit.

MAGLORE

Bele dame, s'il vous plaisoit,
Orendroit m'en deporteriés.

MORGUE

Il couvient ke vous le fachiés,
Dame, se de rien nous amés.

MAGLORE

Je di ke Rikiers soit pelés
Et k'il n'ait nul cavel devant.
De l'autre, ki se va vantant
D'aler a l'escole a Paris,
Voeil k'il soit si atruandis
En le compaignie d'Arras
Et k'il s'ouvlit entre les bras
Se feme, ki est mole e tenre,
Si k'il perge et hache l'apenre
Et meche se voie en respit.

ARSILE

Aimi! Dame, k'avés vous dit!
Pour Dieu, rapelés cheste cose.

MAGLORE

Par l'ame ou li cors me repose,
Il sera ensi ke je di.

MORGUE

Chertes, Dame, che poise mi :
Mout me repenc, mais je ne puis,
C'onques hui de rien vous requis.
Je cuidoie, par ches deus mains,
Qu'il deüssent avoir au mains
Cascuns de vous un bel jouel.

MAGLORE

Ains comperront kier le coutel
K'il ouvlïerent chi a metre.

MORGUE

Crokesot.

CROKESOS

Dame.

MORGUE

Se t'as letre
Ne rien de ten seigneur a dire,
Si vien avant.

CROKESOS

Dieus le vous mire!
Aussi avoie jou grant haste.
Tenés.

MORGUE

Par foi, ch'est paine waste.
Il me requiert chaiens d'amours,
Mais j'ai men cuer tourné aillours.
Di lui ke mal se paine emploie.

CROKESOS

Aimi! Dame, je n'oseroie;
Il me geteroit en le mer.
Ne pourquant ne poés amer,
Dame, nul plus vaillant de lui.

MORGUE

Si puis bien faire.

CROKESOS

Dame, cui?

MORGUE

Un demoisel de cheste vile,
Ki est plus preus ke tel chent mile,
Ou pour noient nous travaillons.

CROKESOS

Ki est il?

MORGUE

Robers Sommeillons.
Qui sét d'armes et de keval.
Pour mi jouste amont et aval
Par le païs a tavle ronde.
Il n'a si preu en tout le monde
Ne ki s'en sache mieus aidier.
Bien i parut a Mondidier
S'il jousta le mieus ou le pis.
Encore s'en deut il ou pis,
Es espaules et ens es bras.

CROKESOS

Est che nient uns a uns vers dras,
Roiiés d'une vermeille roie?

MORGUE

Ne plus ne mains.

CROKESOS

Bien le savoie.
Me sire en est en jalousie
Trés k'il jousta a l'autre fie,
En cheste vile, ou Markiét droit.
De vous et de lui se vantoit.
Et tantost k'il s'en prist a courre,
Me sire se mucha en pourre
Et fist sen keval le gambet
Si ke caïr fist le varlet
Sans assener sen compaignon.

MORGUE

Par foi, assés le dehaigne on;
Non pruec me sanle il trop vaillans,
Peu parliers et cois et chelans,
Ne nus ne porte meilleur bouke.
Li personne de lui me touke
Tant ke je l'amerai; ke vaut che?

ARSILE

Le cuer n'avés mie en le cauche,
Dame, ki pensés a tel home :
Entre le Lis voir et le Somme
N'a plus faus ne plus buhotas.
Et se veut monter seur le tas
Tantost k'il repaire en un lieu.

MORGUE

S'est teus?

ARSILE

Ch'est mon.

MORGUE

De le main Dieu
Soie jou sainnie et benite!
Mout me tieng ore pour despite
Quant pensoie a tel cacoigneur
Et je laissoie le graigneur
Prinche ki soit en faerie.

ARSILE

Or estes vous bien conseillie,
Dame, quant vous vous repentés.

MORGUE

Crokesot.

CROKESOS

Me dame.

MORGUE

Amistés
Porte ten seigneur de par mi.

CROKESOS

Me dame, je vous en merchi
De par men grant seigneur le roi.
Dame, k'est che la ke je voi
En chele roe? Sont che gens?

MORGUE

Nenil, ains est essamples gens.
Et chele ki le roe tient
Cascune de nous apartient;
Et s'est trés dont k'ele fu nee
Muiele, sourde et avulee.

CROKESOS

Comment a ele a non?

MORGUE

Fortune.
Ele est a toute rien commune,
Et tout le mont tient en se main.
L'un fait povre hui, rike demain,
Ne point ne sét cui ele avanche.
Pour chou n'i doit avoir fianche
Nus tant soit haut montés en roche;
Car, se chele roe bescoche,
Il le couvient descendre jus.

CROKESOS

Dame, ki sont chil doi lassus
Dont cascuns sanle si grans sire?

MORGUE

Il ne fait mie boin tout dïre :
Orendroit m'en deporterai.

MAGLORE

Crokesot, je le te dirai.
Pour chou ke courechie sui,
Hui mais n'espargnerai nului.
Je n'ï dirai hui mais fors honte.
Chil doi lassus sont bien du conte,
Et sont de le vile seigneur.
Mis les a Fortune en honneur.
Cascuns d'aus est en sen lieu rois.

CROKESOS

Ki sont il?

MAGLORE

Ch'est sire Ermenfrois
Crespins et Jakemes Louchars.

CROKESOS

Bien les connois, il sont escars.

MAGLORE

Au mains regnent il maintenant
Et leur enfant sont bien venant,
Qui regner vaurront après eus.

CROKESOS

Li quel?

MAGLORE

Vés en chi au mains deus.
Cascuns siut sen pere drois poins.
. . . .
Ne sai ki chieus est ki s'embruke.

CROKESOS

Et chieus autres ki la trebuke,
A il ja fait pille ravane?

MAGLORE

Non, ch'est Thomas de Bourriane,
Ki soloit bien estre du conte;
Mais Fortune ore le desmonte
Et tourne chou dessous desseure.
Pour tant on li a couru seure
Et fait damage sans raison.
Meïsmement de se maison
Li voloit on faire grant tort.

ARSILE

Pekiét fist ki ensi l'a mort,
Il n'en eüst mie mestier,
Car il a laissiét sen mestier
De draper pour brasser goudale.

MORGUE

Che fait Fortune ki l'avale.
Il ne l'avoit point desservi.

CROKESOS

Dame, ki est chis autres chi
Ki si par est nus et descaus?

MORGUE

Chieus, ch'est Leurins li Cauelaus,
Ki ne puet jamais relever.

ARSILE

Dame, si puet bien, par lever
Aucune bele cose amont.

CROKESOS

Dame, volentés me semont
K'a men seigneur tost m'en revoise.

MORGUE

Crokesot, di lui k'il s'envoise
Et k'il fache adès bele kiere,
Car je li iere amie kiere
Tous les jours mais ke je vivrai.

CROKESOS

Me dame, seur chou m'en irai.

MORGUE

Voire, di li hardiement,
Et si li porte che present
De par mi. Tien, boi anchois, viaus.

CROKESOS

Me siét il bien li hurepiaus?

MORGUE

Beles dames, s'il vous plaisoit,
Il me sanle ke tans seroit
D'aler ent, ains k'il ajournast.
Ne faisons chi plus de sejour,
Car n'afiert ke voisons par jour
En lieu la ou nus hom trespast.
Alons vers le Pré erraument,
Je sai bien c'on nous i atent.

MAGLORE

Or tost, alons ent par iluec;
Les vielles femes de le vile
Nous i atendent.

MORGUE

Est chou guile?

MAGLORE

Vés dame Douche nous vient pruec.

DAME DOUCHE

Et k'est che ore chi, beles dames?
Ch'est grans anuis et grans diffames
Ke vous avés tant demouré.
J'ai annuit faite l'avanwarde,
Et me fille aussi vous pourwarde
Toute nuit a le Crois ou Pré.
La vous avons nous atendues
Et pourwardees par les rues.
Trop nous i avés fait veillier.

MORGUE

Pour coi, la Douche?

DAME DOUCHE

On m'i a fait
Et dit par devant le gent lait,
Uns hom ke je voeil maniier;
Mais, se je puis, il iert en biere,
Ou tournés chou devant derriere
Devers les piés ou vers les dois.
Je l'arai bien tost a point mis
En sen lit, ensi ke je fis
L'autre an Jakemon Pilepois
Et l'autre nuit Gillon Lavier.

MAGLORE

Alons, nous vous irons aidier.
Prendés avoec Agnès vo fille,
Et une ki maint en Chité,
Qui ja n'en avera pité.

MORGUE

Feme Wautier Mulet?

DAME DOUCHE

Ch'est chille.
Alés devant et je m'en vois.

LES FEES CANTENT

Par chi va la mignotise,
Par chi ou je vois.

LI MOINES

Aimi! Dieus, ke j'ai sommeilliét!

HANE LI MERCHIERS

Marie! Et j'ai adès veilliét.
Faites, alés vous ent errant.

LI MOINES

Frere, ains arai mengiét avant,
Par le foi ke doi saint Acaire.

HANE

Moines, volés vous dont bien faire?
Alons a Raoul Le Waisdier :
Il a aucun rehaignet d'ier,
Bien puet estre k'il nous donra.

LI MOINES

Trop volentiers. Ki m'i menra?

HANE

Nus ne vous menra mieus de moi;
Si trouverons laiens, je croi,
Compaignie ki la s'embat,

Faitiche, ou nus ne se combat :
Adan, le fil maistre Henri,
Veelet et Rikeche Auri,
Et Gillot Le Petit, je croi.

LI MOINES

Par le saint Dieu et je l'otroi.
Aussi est chi me cose bien.
Et si vés chi un crespet, tien,
Ke ne sai queus caitis offri.
Je n'en conterai point a ti,
Ains sera de commenchement.

HANE

Alons ent dont ains ke li gent
Aient le taverne pourprise.
Eswardés, li tavle est ja mise
Et vés la Rikeche d'encoste.
Rikeche, veïstes vous l'oste ?

RIKIERS

Oie, il est chaiens. Rauelet !

LI OSTES

Veés me chi.

HANE

Ki s'entremet
Dou vin sakier? Il n'i a plus?

LI OSTES

Sire, bien soiés vous venus !
Vous voeil je fester, par saint Gile !
Sachiés c'on vent en cheste vile.
Tastés, jel venc par eskievins.

LI MOINES

Volentiers, cha dont.

LI OSTES

Est che vins?
Tel ne boit on mie en couvent.
Et si vous ai bien en çouvent
K'auan ne vint mie d'Auchoirre.

RIKIERS

Or me prestés donques un voirre,
Par amour, et si seons bas.
Et che sera chi li rebas
Seur coi nous meterons le pot.

GILLOS

Ch'est voirs.

RIKIERS

Ki vous mande, Gillot?
On ne se puet mais aaisier!

GILLOS

Che ne fustes vous point, Rikier.
De vous ne me doi loer waires.
Que ch'est? Me sires sains Acaires
A il fait miracles chaiens?

LI OSTES

Gillot, estes vous hors du sens?
Taisiés. Que mal soiés venus!

GILLOS

Ho! biaus ostes, je ne di plus.
Hane, demandés Rauelet
S'il a chaiens nul rehaignet
K'il ait d'ersoir repus en mue.

LI OSTES

Oie ; un herenc de Gernemue,
Sans plus, Gillot, je vous oc bien.

GILLOS

Je sai bien ke vés chi le mien.
Hane, or li demandés le voe.

LI OSTES

Le ban fach ke t'ostes le poe,
Et k'il soit a tous de commun.
Il n'afiert point c'on soit enfrun
Seur le vïande.

GILLOS

Bé ! Ch'est jus.

LI OSTES

Or metés dont le herenc jus.

GILLOS LI PETIS

Vés le chi, je n'en gousterai,
Mais un petit assaierai
Che vin ains c'on le par essiaue.
Il fu voir escaudés en iaue,
Si sent un peu le rebouture.

LI OSTES

Ne dites point no vin laidure,
Gillot, si ferés courtoisie.
Nous sommes d'une compaignie,
Si ne le blasmés point.

GILLOS LI PETIS

Non fach je.

HANE LI MERCHIERS

Vois ke maistre Adans fait le sage
Pour chou k'il doit estre escoliers.
Je vi k'il se sist volentiers
Avoeques nous pour desjuner.

ADANS

Biaus sire, ains couvient meürer,
Par Dieu ! je ne le fach pour el.

MAISTRE HENRIS

Va i, pour Dieu ! Tu ne vaus mel.
Tu i vas bien quant je n'i sui.

ADANS

Par Dieu ! sire, je n'irai hui
Se vous ne venés avoec mi.

MAISTRE HENRIS

Va dont, passe avant, vés me chi.

HANE LI MERCHIERS

Aimi ! Dieus ! Con fait escolier !
Chi sont bien emploiét denier !
Font ensi li autre a Paris ?

RIKECHE

Vois, chieus moines est endormis.

LI OSTES

Et or me faites tout escout :
Metons li ja sus k'il doit tout
Et ke Hane a pour lui jué.

LI MOINES

Aimi ! Dieus ! Ke j'ai demouré !
Ostes, comment va nos affaires ?

LI OSTES

Biaus ostes, vous ne devés waires.
Vous finerés mout bien chaiens.
Ne vous anuit mie, j'i pens.
Vous devés doze saus a mi.
Merchïés ent vo boin ami,
Ki les a chi perdus pour vous.

LI MOINES

Pour mi?

LI OSTES

Voire.

LI MOINES

Les doi je tous?

LI OSTES

Oïl voir.

LI MOINES

Ai je dont ronkiét?
J'en eüsse aussi boin markiét,
Che me sanle, en l'Enganerie.
Et n'a il as dés jué mie
De par mi ne a me requeste.

LI OSTES

Vés chi de cascun le foi preste
Ke che fu pour vous k'il jua.

LI MOINES

Hé! Dieus! A vous con fait ju a,
Biaus ostes, ki vous vaurroit croire!
Mauvais fait chaiens venir boire
Puis c'on conkie ensi le gent.

LI OSTES

Moines, paiés; cha, men argent
Ke vous me devés. Est che plais?

LI MOINES

Dont deviegne jou aussi fais
Ke fu li hors du sens annuit!

LI OSTES

Bien vous poist et bien vous anuit,
Vous waiterés chaiens le coc.
Ou vous me lairés cha che froc.
Le cors arés et jou l'escorche.

LI MOINES

Ostes, me ferés vous dont forche?

LI OSTES

Oie, se vous ne me paiés.

LI MOINES

Bien voi ke je sui conkiiés,
Mais ch'est li daerraine fois.
Par mi chou m'en irai je anchois
K'il reviegne nouviaus escos.

LI FISISCIENS

Moines, vous n'estes mie sos,
Par men kief, ki vous en alés.
Chertes, seigneur, vous vous tués.
Vous serés tout paraletique,
Ou je tieng a fausse fisique,
Quant a cheste eure estes chaiens.

GILLOS

Maistre, bien caiés de vo sens,
Car je ne le pris une nois.
Seés vous jus.

LI FISISCIENS

Cha, une fois
Me donnés, s'il vous plaist, á boire.

GILLOS

Tenés ; et mengiés cheste poire.

LI MOINES

Biaus ostes, escoutés un peu :
Vous avés fait de mi vo preu ;
Wardés un petit mes relikes,
Car je ne sui mie ore rikes ;
Je les racaterai demain.

LI OSTES

Alés, bien sont en sauve main.

GILLOS

Voire, Dieus !

LI OSTES

Or puis preeschier.
De saint Acaire vous requier,
Vous, maistre Adan, et a vous, Hane,
Je vous pri ke cascuns recane
Et fache grant sollempnité
De che saint c'on a abevré,
Mais ch'est par un estrange tour.

LI COMPAIGNON CANTENT

Aie se siét en haute tour.
Biaus ostes, est che bien canté ?

LI OSTES

Bien vous poés estre vanté
C'onques mais si bien dit ne fu.

LI DERVÉS

Ahors! Le fu! Le fu! Le fu!
Aussi bien cante jou k'il font.

LI MOINES

Li chent diavle aporté vous ont!
Vous ne me faites fors damage.
Vo pere ne tieng mie a sage
Quant il vous a ramené chi.

LI PERES AU DERVÉ

Chertes, sire, che poise mi.
D'autre part, je ne sai ke faire,
Car, s'il ne vient a saint Acaire,
Ou ira il querre santé?
Chertes, il m'a ja tant cousté
K'il me couvient querre men pain.

LI DERVÉS

Par le mort Dieu, je muir de fain.

LI PERES AU DERVÉ

Tenés, mengiés dont cheste pume.

LI DERVÉS

Vous i mentés, ch'est une plume.
Alés, ele est ore a Paris.

LI PERES

Biaus sire Dieus, con sui honnis
Et perdus, et k'il me meskiét!

LI MOINES

Chertes, ch'est trop bien emploiét.
Pour coi le ramenés vous chi?

LI PERES

Hé! sire, il ne feroit aussi
En maison fors desloiauté.
Ier le trouvai tout emplumé
Et muchiét par dedens se keute.

MAISTRE HENRIS

Dieus! Qui est chieus qui la s'akeute.
Boi bien! Le glout! Le glout! Le glout!

GILLOS

Pour l'amour de Dieu, ostons tout,
Car se chieus sos la nous keurt seure,
. . . .
Pren le nape, et tu, le pot tien.

RIKECHE

Foi ke doi Dieu, je le lo bien,
Tout avant ke il nous meskieche.
Cascuns de nous prengne se pieche
Aussi avons nous trop veilliét.

LI MOINES

Ostes, vous m'avés bien pilliét,
Et s'en i a chi de plus rikes;
Toutes eures, cha mes relikes.
Vés chi doze saus ke je doi.
Vous et vo taverne renoi;
Se j'i revieng, diavles m'en porche!

LI OSTES

Je ne vous en ferai ja forche.
Tenés vos relikes.

LI MOINES

Or cha!
Honnis soit ki m'i amena!
Je n'ai mie apris tel afaire.

GILLOS

Di, Hane, i a il plus ke faire?
Avons nous chi rien ouvlïé?

HANE

Nenil, j'ai tout avant osté.
Faisons l'oste ke bel li soit.

GILLOS

Ains irons anchois, s'on m'en croit,
Baisier le fiertre Nostre Dame
Et che chierge offrir, k'ele flame :
No cose nous en venra mieus.

LI PERES

Or cha, levés vous sus, biaus fieus,
J'ai encore men blé a vendre.

LI DERVÉS

Ke ch'est? Me volés mener pendre,
Fieus a putain, leres prouvés?

LI PERES

Taisiés. C'or fussiés enterrés,
Sos puans! Ke Dieus vous honnisse!

LI DERVÉS

Par le mort Dieu, on me compisse
Par la desseure, che me sanle.
Peu faut ke je ne vous estranle.

LI PERES

Aimi! Or tien che crokepois.

LI DERVÉS

Ai je fait le noise du prois?

LI PERES

Nient ne vous vaut, vous en venrés.

LI DERVÉS

Alons, je sui li espousés.

LI MOINES

Je ne fach point de men preu chi,
Puis ke les gens en vont ensi,
N'il n'i a mais fors baisseletes,
Enfans et garchonaille. Or fai,
S'en irons; a saint Nicolai
Commenche a sonner des cloketes.

EXPLICIT LI JEUS DE LE FUELLIE.

VARIANTES

Titre : Li Jus Adan *P*, C'est le Jeu Adan le Boçu d'Arraz *Pb*, C'est li coumencemens du Jeu Adan le Boçu *V* — *Le premier interlocuteur n'est désigné dans aucun ms.* — 3 Or a. *PbV* — 4 Por ce vieng a v. t. ainçois p. c. *Pb*, Ançoi sui a v. t. venus p. c. *V* — 5 Dire n. p. mie a. *V* — 7 j. n'ert si e. *Pb*, j. si n'ert e. *V* — 8 Quar bien g. m. *Pb*, Car en g. m. gist souvent g. s. *V* — 9 Ne pourtant n'ai jou mie c. *V*, j. n'ai pas c. s. m. t. p. *Pb* — 10 n'a. en a. *V* — 11 Si qu'enc. p. i. a. *Pb*, Si k'enc. en p. i. a t. *V* — 12 Or revois a *Pb V* — 12 : 12 Or se lieve un persounage et respont *V* — 15 : 16 Or respont Adans *V* — 17 : 18 Et uns autres respont *V* — 18 Ouail p. IIII d. *V*, l. libre *Pb* — 19 v. que s. *V* — 21 : 22 Or respont uns autres a celi *V* — 23 : 24 Or respont Adans *V* — 26 que venroit a. *V* — 27 Et qu'il m'e. p. m. a. *V* — 29 D'A. le soulas et l. *V* — 32 j. le torne *Pb*, j. l'atourne *V* — 33 : 34 Or li respont uns autres *V* — 34 Et q. dev. l. *PbV* — 35 : 36 Et Adans respont *V* — 36 : 37 Et cieus li respont *V* — 41 Qu'ele i. d. s. *PbV* — 41 : 42 Et respont Adans *V* — 42 que j'en f. *V* — 43 P. l. espaenter metrai *Pb* — 44 : 45 Et cieus li respont *V* — 46 N. p. l. c. a c. n. t. *V* — 47 N'e. n'e. *V* — 50 P. e. garde a *Pb*, Eusiés pris garde a *V* — 50 : 51 Et Adans li respont *V* — 51 P. f. cil (*V* cis) dist par d. *PbV* — 52 A. que p. *V* — 53 Qu'il *Pb*, Qi se f. *V* — 54 e. un tel p. *PbV* — 55 Que l. *Pb* — 56 v. dont vers l. *Pb* — 57 fu *P*, sui *Pb* — 59 l'apreté d. *V* — 60 Quant l. *Pb* — 61 Car n. n'i c. *P*, Et n. *Pb* — 62 c. que miex v. *Pb* — 63 Estes *PbV* — 64 D. e. c. e. v. e. flori *Pb*, V. e. c. e. frès e. flouri *V* — 65 *omis dans V* — 67 Courans *P*, Clere s. *PbV*

— 68 vient *V* — 70 Q. m. s. ore et p. *Pb* — 71 Qu'ele e. donc b. *Pb*, *vers omis dans P* — 73 O. sanle c. et m. *PbV*, *P omet* et — 74 : 74 Or respont li persoune de devant *V* — 78 Ne s. *Pb* — 78 : 79 Et respont Adans *V* — 79 : 79 Et cieus lui *V* — 80 : 81 Et respont Adans *V* — 81 Tproutp R. *V*, Trop R. *Pb*, Ha Riquier *P* — 82 Quar A. l. g. s. e. *Pb* — 83 Que c. *Pb*, Et de g. si e. *V* — 84 s. si g. *P* — 86 Q. c. s. b. u. *PbV* — 88 D'o. c. cler et bien luisant *Pb*, D'o. c. et r. e. fourmiant *V* — 92 onmi *P* — 94 p. samblance a. *PbV* — 96 D'un b. p. pourtrait d. *P*, p. contrass d. *V* — 100 s. vais *P* — 105 Et r. *P*, E. simple regart a. *Pb*, E. rouart s. a. *V* — 106 Et s. *Pb*, Et se d. *V* — 108 Compassé *P*, Porsivant p. *Pb*, Poursievans p. *V* — 108-109 *intervertis dans P* — 113 muees *Pb* — 114 P. par mi l. *PbV* — 115 n. venroit m. *PbV*, m. achiest *P* — 117 Con l. *Pb* — 118 a. le p. *Pb* — 119 au c. *Pb*, a c. *V* — 120 F. e. v. plus que r. *PbV*, *P omet* et — 121 en denture *Pb*, ententure *V*, *P omet* et — 122 Et a. *PbV*, foucelé *V* — 124 Trus k'as *V* — 125 Onmi et gros *P* — 127 b. e. ert d. *Pb*, S. p. g. e. b. d. *V* — 128 S. se c. *PbV* — 129 q. pas n'encrunchoient *Pb* — 132 Mes e. e. c. *Pb*, Et e. e. c. *V* — 133 Q. rewardast *V*, r. ses b. *PbV* — 134 n. si b. *Pb*, n. li b. *V* — 135 j. et g. *Pb* — 138 moustre *PbV* — 139 Puis l. *PbV* — 140 Tout p. a. *V* — 141 D. c. et h. d. p. et b. *PbV* — 144 B. a. a r. *V* — 145 Com mences *V* — 147 P. jambe *Pb* — 148 G. bran b. quillete *V* — 150 E. l. avoit itel d. *P* — 151 S. croi q. d. la c. *Pb*, Et croi q. d. le c. *V* — 152 N'a. point l. *V* — 153-164 *omis dans V* — 154 plus que *Pb* — 155 m. chierement *Pb* — 156 p. chiere s. *Pb* — 157 En mon cuer p. c. f. *Pb* — 159 s'en m. *Pb* — 161 ert e. ardant *Pb* — 163 p. aise je n. f. *P*, T. c'onques a. *Pb* — 164 f. du m. s. *Pb* — 165 Bone gent *Pb*, Bele gent *V* — 166 Pour amour *V*, qui m'avoit sorpris *Pb* — 167 n'eut point s. *V* — 168 Q'Am. *V*; le me f. *PV*, le mes f. *Pb* — 169 Et d. *P*, le me f. *PbV* — 170 *dernier vers de V* — 171 S'e. tens que j. m'en r. *Pb* — 173 Ne que *Pb* — 174 rapaiez *Pb*; *dernier vers de Pb, qui le fait suivre de :* Explicit uns geus. *Les leçons qui suivent sont de P* — 231

Oïl — 233 Oïl — 245 : 246 Douce dame — 282 Oïl — 292 A di f. — 302-302 Rikece — 308 estoile — 345 j. vous v. — 400 *Vers ajouté au bas de la page, pas de la main du copiste* — 451 q. ait a. — 518 apostoile — 523-524 *La rubrique* li peres *est d'une écriture moderne* — 542 fait *omis* — 553 anons n. — 626 E. je m. serai c. — 628 assie debout — 632 n. n'e. i a s. — 672 i. nient — 690 Et qu'il — 718 teus c. m. — 721 du chev. — 729 Ens esp. — 834 E. se l. — 836 hielepiaus — 836 : 837 Dame douce — 904 Oue — 930 d'essoir — 931 Oïl u. — 935 b. fai q. — 944 S. set u. — 980 : 981 Hane li merciers — 991 *Ce vers et la rubrique* li ostes *sont écrits au bas de la page, de la main, semble-t-il, du rubricateur* — 996 Oïl — 998 darraine — 1000 : 1001 Maistres Henris — 1053 se keute

NOTES

V. 1. Adam porte la cape des clercs parisiens (cf. v. 422-423, 654).

V. 3. « Avertir un songe » signifie « détourner les événements annoncés dans un songe, leur donner une direction » : A! Mahon, a bien avertis Che qu'en dormant m'iert ore avis (Bodel, *Jeu de S. Nicolas*, p. 203).

V. 5-6. Même allusion dans le *Congé* d'Adam :

> Mais il i a maint faus devin
> Qui ont parlé de men couvin,
> Dont je ferai cascun honteus,
> Car je ne serai mie teus
> Qu'il m'ont jugié a leur osteus,
> Quant il parloient après vin (str. XIII).

V. 7. *Revenir*, sortir de l'enchantement.

V. 8. Proverbe souvent cité.

V. 9-10. Adam aime à proclamer ce qu'il a gagné au service d'Amours et à celui de sa femme. Il l'a déjà dit dans le jeu-parti XI, str. XVI (voir ci-dessus, p. XIV). Il le répète dans son *Congé :*

> Ains ai en vo serviche apris,
> Car j'estoie nus et despris
> Avant de toute courtesie (str. V).

V. 11. Proverbe connu.

V. 13. *issi* « est issu » (non pas : quitta).

V. 17. Il ne s'agit pas d'un ouvrage dont R. Amion serait l'auteur. On pourrait supposer que *soutieus en sen livre* équivaut à *doctus cum libro*, et traduire ainsi les deux vers suivants : « Je vous le vends pour deux deniers : il ne sait que ce qu'il y a dans son livre. » Guesnon a donné une autre interprétation, qui est certainement préférable : il voit dans le livre d'Amion le registre de caisse d'un habile commerçant, et traduit ainsi les v. 18-19 : « Pour deux deniers la livre : là se borne tout son savoir » (*M. A.*, XV, 147). Le ms. *Pb*, qui n'est pas picard, donne *le libre : le* est bien au masculin (dans *P* et *V*, qui sont picards, *le* peut être aussi bien féminin que masculin); mais, d'autre part, *libre* pourrait être la résolution de l'abréviation de livre (*libra*). Dans *Renart le Contrefait* (version A), un marchand de drap, offrant sa marchandise au client, lui dit :

> Je ne prain que .II. sous au livre.
>
> (Tarbé, *Poètes de Champagne antérieurs au siècle de François Ier*, I, p. 55.)

V. 24-25. Cf. dans *Robin et Marion :* Qui si loing getés ma proiere (v. 87).

V. 48-49. Quod ergo Deus conjunxit, homo non separet (Év. de Mathieu, XIX, 6; de Marc, X, 9).

V. 50. Proverbe, appliqué par Adam à la même circonstance dans son *Dit d'Amours :* A l'engrener ne me connui (v. 71).

V. 52. Ce vers est une expression empruntée à la langue des tailleurs de pierre et signifie « sans dévier de la ligne tracée » (d'autres exemples dans *Romania*, XVIII, 288).

V. 55-56. Allusion à un proverbe, cité dans le *Dit d'Amours* sous la forme : Deus fois se point Qui contre aiguillon escauchire (v. 131-132).

V. 66. Dans une chanson, Adam dit à sa future femme :

> Mar fui a le fontenele
> Ou je vous vi l'autre jour,
> Car sans cuer fui au retour.
>
> (de Couss., p. 42; Berg., p. 163.)

V. 79-80. Adam s'est peut-être souvenu de ces deux vers d'Ovide :

Hoc est uxores quod non patiatur amari :
Conveniunt illas cum voluere viri.

(*De Arte Amandi*, III, 585-586.)

V. 81. Tproupt, Tproupt! (*Jeu de S. Nicolas*, de Bodel, p. 183 et p. 184).

V. 89. Les cheveux blonds étaient de rigueur dans le type littéraire de la beauté des femmes au moyen âge.

V. 101. *Oeil sec.* Dans une chanson, Adam parle des « vairs ieus, sès et agus » de sa dame (de Couss., p. 104; Berg., p. 240).

V. 104. Suivant le sens habituel de l'expression « a dangier », on pourrait la traduire ici par « à peine, rarement », c'est-à-dire : les paupières étaient sans battement. Mais le sens de « a dangier » paraît être plutôt dans ce vers : « à volonté ».

V. 111-113. Cf., du même auteur, parlant de la même dame :

Mais vair oeil, blanche maissele,
Rians et vermeille entour.

(de Couss., p. 41; Berg., p. 163.)

V. 140. L'expression « pis camuset » se trouve aussi dans une chanson de Guillaume d'Amiens (Godefroy, *Suppl.*).

V. 144. *Boutine avant et rains vauties.* Les statuaires avaient l'habitude de représenter les femmes avec le ventre saillant et les reins cambrés.

V. 145. *Ke* est à traduire par « comme »; de même au v. 315. Cette construction est fréquente dans les œuvres d'Adam : cuers durs c'aïmans (de Couss., p. 42; Berg., p. 163); Vermeille que rose... clere que solaus (de Couss., p. 76; Berg., p. 281); Vous cantés c'uns ors menestreus (*Robin et Marion*, v. 749).

V. 152. Van Hamel a justement remarqué que le portrait de Petronilla, dans les *Lamentationes* de Matheolus, « rappelle, autant par les détails que par l'antithèse entre la beauté de la fiancée et la laideur de la femme mariée », le portrait de Maroie dans le *Jeu de la Feuillée* (*Les Lamentations de Matheolus*, II, p. 148); j'irais volontiers plus loin que lui, en disant que Mathieu a connu les vers d'Adam.

Le même portrait de Maroie, sans la caricature qui l'accompagne ici, se retrouve dans un motet d'Adam (de Couss., p. 266) :

Chiés bien-seans,
Ondès, fremians,
Plains frons, reluisans et parans,
Regars atraians,
Vairs, humelians,
Catillans et frians,
Nés par mesure au víaire afferans,
Bouchete rians,
Vermeillete, a dens blans,
Gorge bien naissans,
Col reploians,
Pis durs et poignans,
Boutine souslevans,
Maniere avenans,
Et plus li remanans
Ont fait tant d'encans
Que pris est Adans.

V. 170. On a vu généralement dans Vauchelles l'abbaye cistercienne du même nom située dans le diocèse de Cambrai, où Adam aurait été « a l'escole »; le sens du v. 170 serait alors : l'internat de Vauchelles avait aiguisé ma sensibilité. Il n'est pas sans intérêt de remarquer à ce propos que, dans une chanson dévote, où Adam note les vices du clergé séculier et des ordres religieux, il met les Cisterciens hors d'atteinte de l' « anemi » (de Couss., p. 109; Berg., p. 502). Guesnon croyait qu'il s'agit plutôt d'un village plus proche d'Arras, Vauchelles-les-Authie (*M. A.*, XIV, 199; XV, 171; XXXVIII, 175), mais cette hypothèse n'explique pas comment ce village aurait avivé les désirs du jeune homme. A. Tobler voyait dans Vauchelles un jeu de mots licencieux (*Vauchelles*, nom d'un village, et *vauchelles*, petites vallées)

(*Verm. Beit.*, II, 281); il avait raison. Il est certain que les calembours de ce genre sont bien dans le goût de l'époque et du pays.

L'emploi figuré du mot *saveur* (littéralement : sauce), dans le sens qu'il a ici, se retrouve dans d'autres poésies d'Adam : à la vue d'une dame qui a des traits de son amie, il « se delite » à la saveur de celle-ci (de Couss., p. 126; Berg., p. 466); une femme est soulagée de ses peines quand elle sent sur elle, « a la saveur » de son ami, une ceinture que celui-ci lui a donnée (de Couss., p. 258). L'expression n'a peut-être pas exactement la même valeur dans une chanson où Adam dit que sa souffrance lui plaît parce qu'il la prend « a saveur » de jouissance (de Couss., p. 57; Berg., p. 212).

V. 192. Monmerqué et Michel traduisent : « J'ai tout mis en gage »; mais *canebustin* est le nom d'un récipient; en l'espèce, l'estomac de maître Henri, qui fait ici un jeu de mots (cf. au v. 244 un emploi analogue du mot *bouchiaus*).

V. 194. Même exclamation dans le *Jeu de S. Nicolas*, de Jean Bodel (*Théât. fr. au m. â.*, p. 194).

V. 196. Cf. Legiers estes et grans et fors (*Courtois d'Arras*, v. 465).

V. 214. Le mot *bietu* m'est inconnu. Le manuscrit présente quelques cas de la diphtongaison de l'*e* entravé, et précisément dans ce vers il écrit *Faveriel* et dans le vers précédent *Cosiel*, mais *Robert*. J'avais donc pensé d'abord que *bietu* était pour *biestu*. J'hésite aujourd'hui à ajouter une *s* à ce mot. Guesnon croyait que *bietu* « est une déformation ironique de *boisteus* » (*M. A.*, XXVIII, 199); il reste permis d'y voir autre chose. Le vers présente d'ailleurs une autre difficulté : la famille Faverel est une des plus souvent mentionnées dans les actes d'Arras aux XIIe et XIIIe siècles; jamais son nom n'est, comme ici, précédé de l'article.

V. 226. Cf. Ki li vendi tel pisson ier On i peüst mengier le mort (*Chans. et Dits*, VIII, 14-15).

V. 231. Le manuscrit donne *oil*, de même aux v. 233, 931, 996, et *oue* au v. 904; *oïl* fausse la mesure du v. 931, il la fausserait de même au v. 904; la leçon *oie* s'impose donc dans ces deux cas. J'ai étendu la même correction aux v. 231, 233, 996, où la mesure ne l'exigeait pas, mais où le sens et les habitudes des poètes artésiens le demandaient. Des rimes telles que *oie : joie*, par exemple dans le fableau d'*Estula* (v. 103-104), prouvent qu'il faut écrire *oie* et non *oje*.

V. 233. *Dieus i ait part*, formule employée avant de commencer une action : Eis avant, que Dieus i ait part (*Courtois d'Arras*, v. 487).

V. 261. *Lieve sus* peut signifier « lève-toi » ou « lève ton pouce ».

V. 263. *Cheste crois*, tracée sur le pouce.

V. 268. L'exclamation ironique *enhenc* se retrouve avec la même valeur aux v. 428, 492, et dans le *Jeu de Robin et Marion*, v. 512.

V. 271. Dame Douche donne un soufflet à Rainelet.

V. 278. Le ms. donne *viex*, c'est-à-dire *vieus*, qui peut représenter *vil* + *s* aussi bien que *vieil* + *s*. Le scribe écrit, en effet, *gentiex*, *fiex*, etc., pour *gentius*, *fius*. Voyez ci-dessus, p. XIX-XX.

V. 292. L'expression *a foi* n'est pas rare dans les textes artésiens : *Jeu de S. Nicolas*, de Bodel, p. 177, 192; *Courtois d'Arras*, v. 430; *Chansons et Dits*, v. 78, etc.

V. 304-305. La maison des *Pumettes* et celle du *Dragon* étaient voisines sur le Petit-Marché (E. Morel, *Plan d'Arras-Ville en 1382*, p. 91-92).

V. 308. Une étole pour exorciser.

V. 315. Voir la note du v. 145.

V. 320. Dame Ève votre mère aussi a « chent diavles ou cors ».

V. 327. *Miracles*, ici féminin au pluriel, sera masculin au singulier deux vers plus bas. Il est des deux genres dans le *Jeu de S. Nicolas* de J. Bodel.

V. 337. *Vous* est le régime de *faire*. Se faire bien de quelqu'un signifie entrer dans les faveurs de quelqu'un.

V. 343-344. Walet demande des pois pilés (écrasés) parce

qu'il est sot; cette association d'idées est le plus ancien témoignage du développement singulier pris par l'expression *pois pilés* (les Sotties, par exemple, seront souvent appelées *Jeus de pois pilés*). Lorsque le « dervé » dit (v. 424) qu'Adam « sanle uns pois baiens », peut-être prétend-il qu'il a l'air d'un sot. Il semble y avoir d'ailleurs au v. 344 un jeu de mots : *Pois Pilés* serait un surnom de Walet. Le *Nécrol. art.* mentionne « Pois Pilés Walès » en 1283, terme de la Pentecôte (fol. 30 a).

V. 347. *Biaus niés* est un mot de Walet; il le répète chaque fois qu'il prend la parole, et le moine, quand il l'envoie s'asseoir, ne manque pas de l'appeler *biaus niés* (v. 363).

Dans le *Jeu de Robin et Marion*, la bergère donne à son ami du « fromage cras », qu'elle a apporté dans son corsage (v. 147, 150).

V. 358. *Beste*, parce que, s'il était mort, il ne pourrait pas être « boins vïeleres ».

V. 362. Walet vient de baiser le reliquaire.

V. 372. Guesnon se demandait si Wautier A le Main n'est pas le même que « Vitulus Wautier », inscrit au *Nécrologe* en 1278 (*M. A.*, XXVIII, 200); les beuglements qui accueillent l'entrée en scène du personnage rendent cette hypothèse très séduisante; il semble cependant qu'elle doive être écartée : *A le Main* est un nom de famille, qu'on trouve déjà au XIIe siècle dans le cartulaire de Wimann (*Aubertus ad Manum*, p. 214); *Veel* (*Vitulus*) en est un autre (*Ibid.*, p. 213-214 et *passim*). Wautier A le Main et Wautier Veel sont donc vraisemblablement deux personnages distincts.

V. 389. Ce *levés vous* ne s'expliquerait guère si le fou et son père n'étaient assis sur l'un des côtés de la scène ou parmi les spectateurs.

V. 400. Il fait le geste de jouer de la trompette.

V. 404-406. Cette menace à un fou ne doit pas être prise à la lettre; elle a été suggérée par le désir de mettre Robert Sommeillon sur le tapis. Ce personnage évidemment n'assistait pas à la représentation. Nous ne sommes pas à « sen pui » (cf. v. 408 et suiv.).

V. 406. On a bien « kiiét » en le nommant prince du pui.

V. 414. Dans le *Jeu de Robin et Marion*, deux « cornours » jouent du « cornet » (v. 715). Ici il y a équivoque voulue entre l'instrument de musique et le cornet à dés (cf. v. 416).

V. 415. *Couronés* au pui; c'est-à-dire qu'il y aura le prix pour sa chanson.

V. 419. Le fou saute sur le dos de son père.

V. 424. Voir la note des v. 343-344.

V. 425. Le fou fait le geste d'aboyer contre Adam. Les *dames* sont les fées qu'on attend.

V. 426. Le mot bigame désigne non seulement le clerc qui s'est marié plus d'une fois (v. 493), mais aussi celui qui a épousé une veuve (v. 451).

V. 428. *Or sont deus*, « et deux ». La première s'adressait à Robert Sommeillon (v. 406 et suiv.), la seconde à Adam, suivant Rikier.

V. 429. Adam n'ayant été marié qu'une fois, il faudrait, pour qu'il fût bigame, qu'il eût épousé une veuve. Il ne semble pas que ce soit son cas.

V. 459. Je suppose qu'il faut voir ici un jeu de mot sur *clergie*, qui signifiait « état de clerc » et « instruction de clerc » : la phrase aurait un double sens : « Si sa science ne lui fait pas défaut » et « Si le titre de clerc ne lui est pas enlevé », c'est-à-dire, en définitive, « Si on ne lui prend rien », « il recouvrera tout ce qu'on lui aura pris ».

V. 461. *Pour a metre*, au prix de.

V. 469. Je ne vois pas ce que signifie « faire l'escarbot ». Eudes de Cheriton dit que les clercs mariés sont appelés escarbots, parce qu'ils ont quitté la fleur pour l'ordure (cf. A.-G. Van Hamel, *Les Lamentations de Matheolus*, II, p. CXLIV). On sait que l'escarbot remue et éparpille les excréments.

V. 481. *Fin* est adjectif, qualifiant *frait*.

V. 502-503. Cette plaisanterie n'a de sens que si Marie Le Jaie touche à maistre Henri : ce peut être sa femme ou plutôt sa bru. On sait que celle-ci s'appelait Marie. On a déjà vu (v. 311, 321) qu'elle savait « assés de plais ».

V. 506. Ce vers prouve que Henri était depuis longtemps ou avait été longtemps employé à l'échevinage, mais pas qu'il avait quitté cet emploi.

V. 513. L'expression « savoir la vieille danse », au sens de « être habile, madré », n'est pas rare dans les anciens textes (*Roman de la Rose*, v. 3936; Gautier de Coinci, éd. Poquet, col. 717, v. 429; *Quinze joies de mariage*, p. 123 de l'éd. elzévirienne).

V. 538. Le fou frappe son père.

V. 545. On remarquera que le moine, porteur de reliques qui guérissent de la folie, se montre, à plusieurs reprises, importuné de la présence d'un fou (cf. la note du v. 1032).

V. 557. Adam et Rikier dressent et servent une table (cf. v. 648-655).

V. 581 : 582. *Li grosse feme*, dame Douche.

V. 590. Ce vers, répété par le messager à son départ (v. 836), était probablement chanté, bien qu'il ne soit pas accompagné de sa musique dans le manuscrit.

V. 595. *Reparee* peut être un compliment et signifier « parée, ornée »; ce mot peut signifier aussi « rajeunie par des artifices de toilette ». Il ne semble pas que *reparer* ait jamais pris le même sens figuré que son synonyme *rafaitier*.

V. 600. On se rendait favorables les fées en leur préparant une bonne table.

V. 603. *A cui ies tu*. Même expression dans le *Jeu de S. Nicolas*, p. 169.

V. 609. *Metre lieu*, donner rendez-vous.

V. 612. Ce vers, ainsi coupé, se retrouve dans le *Jeu de Robin et Marion*, v. 432.

V. 613. Tous les hommes, sauf Croquesot, se dissimulent.

V. 617. Minuit est passé.

V. 629. Dans la *Belle au bois dormant* de Perrault, une fée se dépite et se venge parce qu'elle n'a pas un aussi riche couvert que ses compagnes.

V. 689. Cf. dans *Robin et Marion* : Si te senti je tenre et mole (v. 552).

V. 694. Ce vers ne représente pas clairement l'union de l'âme et du corps.

V. 697. *Mais je ne puis*, je n'en puis mais, je ne puis que me repentir.

V. 699. « Je vous afi de mes deus mains » (*Chans. et Dits*, V, 73); « par la main destre Dont je vos tieng » (*Ivain*, v. 1928-1929).

V. 708. Croquesot remet une lettre à Morgue, qui la lit.

V. 719. *Nous* est régime, et non sujet, de *travaillons*.

V. 748. Il semble que ce vers signifie : « Vous avez le cœur haut placé »; mais c'est le contraire qu'Arsile doit dire, à moins qu'elle ne parle ironiquement. Dans un couplet attribué à Marcabrun, il est dit que l'homme qui s'avilit pour de l'argent a le cœur sous le nombril, « sotz l'emborilh » (éd. Dejeanne, p. 188). Les Anglais, dans des expressions où le cœur est considéré comme le siège, non de l'amour, mais de l'énergie, disent encore qu'on a le cœur dans les chausses, dans les souliers, dans le talon (Murray, *Dictionnaire*, V, p. 162).

V. 750. Cf. Ki soit entre le Lis et Somme (*Congés* de Fastoul, v. 364).

V. 752. *Monter seur le tas*, dominer, avoir le premier rang.

V. 802. Vers omis dans le manuscrit.

V. 806-819. Thomas de Bourriane avait été condamné récemment (cf. ci-dessus, p. XII), on ne sait ni pourquoi ni à quelle peine. Depuis, ses amis obtinrent du roi la revision de son procès, et la ville d'Arras dut restituer à ses enfants 360 livres parisis. Plus tard, vers 1289, des adversaires anonymes et passionnés de Jacquemon Pouchin, chargeant celui-ci de méfaits si nombreux « c'on n'aroit jamais tout recordé », l'accusent d'avoir, étant échevin, pourchassé par haine la sentence prononcée contre Thomas de Bourriane. Mais rien ne prouve que cette accusation soit fondée, ni même, si elle est justifiée, qu'elle avait déjà pris corps en 1276; encore moins qu'Adam s'y soit associé en visant Jacquemon Pouchin dans le v. 814 de la *Feuillée*. On ne saurait, en tout cas, par le rapprochement de ce vers avec ceux où l'auteur du *Congé* (str. IX) remercie Jacquemon Pouchin d'avoir appuyé sa demande de subvention pour aller à Paris continuer ses études, en tirer un argument pour prétendre que le Jeu n'est pas d'Adam.

V. 824. *Aucune cose* est sujet de *lever*.

V. 836. Croquesot, après avoir bu, s'en va en chantant et en agitant ses sonnettes (cf. la note du v. 590).

V. 868-873. J'ai écrit jadis (*Romania*, XXXII, 391) que ce sixain avait été ajouté; je ne le crois plus. Un autre exemple de *chille* se trouve dans un acte d'Arras du XIIIe siècle, publié dans les *Mémoires de l'Académie d'Arras*, 1898, p. 26.

V. 874-875. Ce refrain se retrouve dans deux motets (G. Raynaud, *Recueil de motets français*, nos LXXI et CCXXIV), dont l'un est d'Adam (de Couss., p. 258), et dans le *Tournoi de Chauvenci* (éd. Delmotte, v. 1302). Voici la traduction en notation moderne, par M. J.-B. Beck, de la mélodie donnée dans le texte :

V. 893. *Par le saint Dieu* revient souvent dans *Robin et Marion*, v. 116, 584, 595, 716.

V. 897. Je ne le porterai pas à ton compte.

V. 907. Le tavernier s'adresse au moine.

V. 910. *Par eskievins*, sous le contrôle des échevins. Dans le *Jeu de S. Nicolas*, de Bodel, le tavernier vend de même son vin « au ban de le ville » (p. 169)

V. 931. Dans le *Jeu de S. Nicolas*, le tavernier annonce « caus herens et vin d'Aucheurre » (p. 168).

V. 933. Gillot s'empare du hareng.

V. 942-943. J'ai corrigé la leçon du manuscrit, qui donne *par essiaue*. J'ai hésité entre *-aue* et *-ave*.

V. 944. *Rebouture*. Dans le *Jeu de S. Nicolas*, de Bodel, le tavernier vante son « vin qui n'est mie boutés » (p. 192).

V. 967. Le moine se réveille.

V. 970. Cf. « Et nous finerons bien chaiens » (*Jeu de S. Nicolas*, de Bodel, p. 183).

V. 971. Le tavernier feint de calculer.

V. 992. *Le coc*, le chant du coq, le jour.

V. 995. Cf. *Robin et Marion*, v. 352 : « Chertes, dont me ferés vous forche ».

V. 1001. Le médecin arrive.

V. 1017. Le moine sort.

V. 1025. Premier vers d'une chanson de toile perdue.

V. 1029. La scène suivante se passe hors de la taverne.

V. 1032. On ne voit pas bien quel dommage le fou fait au moine ; mais on sait pourquoi celui-ci est de mauvaise humeur.

V. 1043. Le fou jette la pomme.

V. 1053. C'est probablement de l'extérieur que le fou s'accoude sur l'appui de la fenêtre ouverte et boit dans les verres qui y sont déposés (cf. v. 917).

V. 1054. *Boi bien* était une formule pour engager à boire (cf. *Jeu de S. Nicolas*, p. 169).

V. 1058. La nappe, le pot et les autres pièces (v. 1061) que les compagnons emportent paraissent être les mêmes objets qui ont déjà figuré sur la table des fées.

V. 1063. Le moine est rentré dans la taverne.

V. 1072. Cf. « Car n'ai pas apris tel afaire », dans *Courtois d'Arras*, v. 578. Le moine sort de la taverne.

V. 1078. La « fiertre » était peut-être exposée sous une feuillée (voir p. IX).

V. 1080. Tous les buveurs s'en vont.

V. 1092. Le fou et son père quittent la scène.

V. 1097. *Or fai*, allons.

V. 1098-1099. On pourrait ponctuer autrement ces deux vers, en supposant que le moine, s'adressant à un « clerçon », lui dit : « Allons, nous irons a S. Nicolas; commence à sonner tes clochettes. » Mais, d'une part, le manuscrit met un point après *irons*, et, d'autre part, on ne voit pas ce que serait devenu, pendant les scènes précédentes, l'acolyte du moine, si celui-ci en avait eu un.

INDEX DES NOMS PROPRES

pui, 405. — Le nom de ce riche bourgeois d'Arras est écrit dans le manuscrit Soumillons (404) et Soumeillons (720); dans un acte de 1265, Sommellon (*Mém. de l'Ac. d'Arras*, 1898, p. 22), Soumeillon dans un document de 1271, Soumillons dans un autre de 1311 (H. Guy, *Essai*, p. 440), Soumillon, Somillon, au féminin Soumillone et Somillonne dans le *Nécr. art.* Robert vivait encore en 1301; en 1311, il était mort. Il avait laissé à la ville, pour en faire un hôpital, « se maison ou il manoit, ki siét vers Sainte Crois » (Guy, *Ibid.*).

Somme, rivière, 750.

Thomas de Bourriane, victime des caprices de la Fortune, 806 et suiv. — Il figure dans un texte de 1252; il est inscrit dans le *Nécr. art.*, en 1278, au terme de la Saint-Remi (fol. 29 b); sa femme en 1281, au terme de la Pentecôte (fol. 29 e). Voir la note des v. 806-819. Bourriane était le nom d'une rue d'Arras.

Thomas de Clari, raillé, 411.

Thomas de Darnestal, dont la femme a « cent diables au corps », 316. — Une « Berte de Darnestal » figure au *Nécr. art.*, en 1263, terme de la Saint-Remi (fol. 24 f). Darnestal était le nom d'une rue d'Arras.

Vauchelles, 170. Voir la note au v. 170.

Veelet, compagnon des acteurs du Jeu, 891. — Il est mentionné dans les *Congés* de B. Fastoul, v. 592.

Vermandois (bailli de), 300.

Wagon (Willaume), aime trop la bonne chère, 241. — Mentionné dans les *Congés* de Fastoul, v. 218. Un Willaume Wagon, fils de Robert Wagon, figure comme acheteur dans un acte de 1242 : c'est peut-être, mais pas certainement, le même qu'on retrouve dans des actes de 1286 et de 1295 (Guy, *Essai*, p. 438).

Waisdier (Le). Voir Le Waisdier.

Walaincourt, un des figurants, a besoin de saint Acaire, 362.

Walet, personnage du Jeu, 339 et s. Voir p. xii et la note du v. 343.

Waranche (Le), rue d'Arras, 294. — Mentionnée déjà au xiie siècle par Wimann (p. 203), elle aboutissait au Petit-Marché (cf. E. Morel, *Plan d'Arras-Ville en 1382*, *passim*.)

Wautier A le Main. Voir A le Main.

Wautier As Paus. Voir As Paus.

Wautier Mulet. Voir Mulet.

GLOSSAIRE

aaise 163, *adj. inv.*, *satisfait*, *tranquille*.
aaisier (s') 920, *prendre ses aises*.
aati, aatis 438, 458, *part. pas.* *de* s'aatir, *se faire fort*, *se vanter*; par aaties 490, *à l'envi*. *Cf.* atissent.
abaubis 310, *ébaubi*.
abenghete 336, *diminutif de* abenghe, *nom d'une petite pièce de monnaie*.
abevré 1023, *abreuvé*.
abusions 15, *illusion*.
acanlés 206, *achalandé*.
acate 226, *achète*.
acointier 102, *faire connaissance*, *se lier*.
acomplir 259, *rendre complet*, *par conséquent rendre certain*.
aconte 431, *je tiens compte*.
adès 829, 877, *toujours*, *tout le temps*.
adevaloient 130, *descendaient*.
adont 68, 71, *etc.*, *alors*.
afiert 841, 937, *convient*; aferoit 131, *convenait*.
ahors 1029, *dehors* (*cri d'alarme*).
aidier (s') 27, 725, s'aïe 299, vous aiderés 197, *se tirer d'affaire*; si m'aït Dieus 583, 633, *Dieu me secoure comme*.
ainc 163, *jamais*.
ains 180, 588, 702, 879, *mais*, *au contraire*; ains ke 339, 839, 1899, *avant que*.
aït. *Voir* aidier.
aiüe 494, *aide*.
ajournast 839, *fit jour*.
akeute (s') 1053, *s'accoude*.
amatis 457, *abattus*.
anchois 508, 835, *avant*, *plutôt*, anchois ke 648, 999, *avant que*.
andoi 487, *tous deux*.
anemi 328, anemis 309, *démon*.
annuit 852, 990, *aujourd'hui*.
antés 5, *fréquentés*.
anuis 850, *ennui*.
anuit 971, 991, *sub. pr. 3* de anuier, *ennuyer*.
anwa 272, (*exclamation*).
aourer 391, *adorer*.
apaiés 174, *apaisé*.
apaire 48, *accouple*.
apert (en) 441, *clairement*.
aporc 346, *ind. pr. 1 de* aporter.
apostole 518, *pape*.
arai 864, 879, ara 389, 550, arés 397, 994, aront 672, *fut. d'avoir*.
araines 400, *trompettes*.
as 11, 119, *etc.*, *aux*.
aspreche 59, *âpreté*, *ardeur*.
assaierai 941, *goûterai*.
assener 741, *atteindre*.
assés 742, *beaucoup*.
atirés 238, *arrangés*.
atissent (s') 472, 484, *se font fort*, *se vantent*. *Cf.* aati.
atour 32, *subj. pr. 1 de* atourner, *disposer*.
atruandis 686, *encanaillé*.
auan 914, *cette année*.
aubenaille 480, *argent*.
aucun 5, 438, *certains*, *quelques-uns*; 883, *quelque*.
aus 507, 793, *eux*.
autrier (l') 412, *l'autre jour*.
avale 818, *descend* (*act.*); en

avalant 125, 139, *en descendant* (*neut.*).
avanche 777, *avance* (*act.*), *élève*.
avanwarde 852, *avant-garde*.
avertirai 3, *détournerai*.
avient 291, *convient, sied*.
avisa 634, *établit*.
avisions 60, *vision*.
avulee 772, *aveugle*.

baches 552, *subj. pr. 2 de* batre.
baiens 424, *ramolli dans l'eau chaude* (*en parlant des pois, des fèves, etc.*).
baillieu 300, *bailli*.
baisseletes 304, *jeunes femmes*; 1096, *jeunes filles*.
barbustin 603, *jeune barbu* (?).
barnesse 255, *femme*.
baron 301, 306, 451, *mari*.
bescoche 780, *déclenche*.
besoigne 269, *affaire*.
biaus 36, *etc.*, *beau* (*terme d'affection*).
bietu 214. *Voir la note du v.* 214.
billons 370, *pièces de monnaie*.
blanke 72, blankes 111, *etc.*, *blanches*.
bos 66, *bois*.
bouchiaus 244, *outres, barils, ventres*.
bouke 118, 745, *bouche*.
boullon 57, *bouillon, bouillonnement*.
boutine 144, *nombril*.
brait 525, *crie*.
braon 148, *gras du mollet*.
briement 77, *vite*.
brubeilles 522, *sornettes*.
buhotas 751, *trompeur*.
bui 191, *parf. ind. 1 de* boire.

c' 163, 203, *etc.*, *que*.
cache 61, *chasse, recherche*.
cacoigneur 757, *querelleur*.
caille. *Voir* caut.
caïr 740, kiét 143, caiés 1007, keü 89, *tomber*.
caitis 12, 896, *malheureux*.
canebustin 192. *Voir la note*.
cangier 448, cangiét 1, *changer*.
cans 65, *chants*.
canter 537, cante 525, *etc.*, *chanter*.
car 137, 149, *etc.*, *chair*.
carquie 619, *chargée*.
cas 315, *chat*.
cascuns 7, *etc.*, cascune 83, *chacun, chaque*.
cauche 748, *chausse*.
caupé 357, *coupé*.
caut 312, *ind. pr. 3*; 273, 640, *subj. pr. 3*; caille 636, *subj. pr. 3 de* caloir, *importer*.
cavel 683, *cheveu*.
cha 233, *ça*; cha dont 910, *ça donc*.
chaiens 571, 709, *céans, ici dedans*.
che. *Voir* chou.
chel. *Voir* chius.
chelans 744, *gardant les secrets*.
chele. *Voir* chius.
chelerai 267, 276, *cacherai*.
chent 318, 508, *cent*.
chertes 265, 430, *certainement*.
ches, cheste, chestes. *Voir* chis.
chi 9, 33, *etc.*, *ici*.
chiaus, chil, chille. *Voir* chius.
chis 252, 253, *etc.*, *sj. mc. sg.*; chest 208, 228, *etc.*, *rég. mc. sg.*; cheste 209, 221, *etc.*, *fm. sg.*; chist 490, *sj. mc. pl.*; ches 133, 144, *etc.*, *rég. mc. et fm. pl.*; chestes 318, *sj. fm. pl.* : *pron. et adj. dém.*, *cet, celui-ci, etc.*; chis... chi 820, cheste chi 425.
chist. *Voir* chis.
chius 274, 278, *etc.*, *sj. mc. sg.*; chel 275, *rég. mc. sg.*; chille 872, *sj. fm. sg.*; chele 280, 422, *etc.*, *fm. sg.*; cheli 69, *rég. fm. sg.*; chil 134, *sj. mc. pl.*; chiaus 243, *etc.*, *rég. mc. pl.* : *pron. et adj. dém.*, *celui, celui-là, ce*.
cholès 541, *petite boule pour jouer à la choule*.
chou 3, 22, *etc.*, che 15, 25, *etc.*, *ce, ceci, cela*; chou dessus dessous 809, *sens dessus dessous*; chou devant derrier 862, *sens devant derrière*.

claime 203, *subj. pr. 3*, clamés 344, *part. pas.* de clamer, *appeler*.
clergie 456, *cléricature; 459, instruction. Cf. la note du v. 459*.
clers 422, 424, *clerc*.
cloans 104, *se fermant*; close 121, *fermée, sans interstices*.
coi 574, cois 396, 744, *silencieux, tranquille*.
coi 1, 78, *etc.*, *quoi*.
coiement 205, *à part*.
com 156, con 96, 99, *etc.*, *comme*.
commant 382, *ind. pr. 1*; commandé 384, *part. pas.* de commander, *recommander*.
compassé 91, compassés 108, *mesuré*.
comperront 702, *paieront*.
compisse 1087, *souille d'urine*.
con. *Voir* com.
confort 211, *soulagement*.
conkie 986, *ind. pr. 3*; conkiiés 997, *part. pas.* de conkiier, *duper (littéralement : souiller d'excréments)*.
connois 368, 796, *ind. pr. 1*, connui 162, *ind. pf. 1* de connoistre, *connaître*.
consilliès 246, *donnez une consultation*.
cors 318, 533, *corps*.
cors 119, *coins*.
cose 46, 60, *etc.*, *chose*.
coukiét 387, *couché*.
coupes 462, *fautes*.
coureche (se) 377, *ind. pr. 3*; courechie 797, *part. pas.* de courechier (se), *se fâcher*.
courlieu 610, *messager*.
coust 173, *subj. pr. 3*, *coûte*.
couvent (avoir en) 478, 913, *promettre, assurer*.
couvient 260, 311, *ind. pr. 3*; couvenra 602, *fut. 3* de couvenir, *falloir*.
cras 347, crasse 73, *gras, grasse*.
creés 394, *croyez*.
cremir 295, crient 292, 298, *ind. pr. 3*, *craindre*.
crespe 88, *crêpés, ondulés*.
crespet 895, *beignet*.
cresté 93, *ridé*.
crient. *Voir* cremir.
crin 87, *cheveux*.
crokepois 1090, *bâton ferré (ici p. -é., coup de bâton)*.
cuevrekief 114, *voile que les femmes se mettaient sur la tête*.
cui 208, 275, *etc.*, *rég. de* ki.
cuit 151, 341, 575, *ind. pr. 1*; cuide 86, *ind. pr. 3*; cuidiés 21, *ind. pr. 5*; cuidoie 699, *ind. impf. 1* de cuidier, *croire*.

daerraine 998, *dernière*.
dangier (a) 104. *Voir la note*.
dar (en) 152, *à rien*.
debout 627, *bout*.
decheüs 592, *déçu*.
deduit 417, *plaisir*.
dehaigne 742, *raille* (?).
deliiés 102, *minces*.
delitable 65, 76, *plaisante, agréable, délicieuse*.
delivre 279, *délivrée*.
demeure 575, *subj. pr. 3*; demouré 593, 851, 967, *part. pas.* de demourer, *tarder*.
departir 334, *s'en aller*.
deporte 298, *ménage*; deporteriés 679, *dispenseriez*.
dervé, *fou*.
derverie 160, *folie, délire*.
descaus 821, *nu-pieds*.
desi 326, *jusqu'à*.
desjuner 952, *manger quand on est à jeun*.
desmonte 808, *fait descendre, abaisse*.
despis 24, *ind. pr. 3*, *méprise*; despite 756, *méprisable*.
despoise 290, *aloi, matière, nature, au fig. caractère*.
dessert 442, *ind. pr. 3*; desservi 819, *part. pas.*, *mériter*.
deugie 72, *svelte, qui a une taille fine*.
deus 638, *chagrin*.
deut (s'en) 728, *en souffre*.
devens 370, *dedans*.
devin 329, *divin*.

devinaille (a) 52, *par conjecture, sans savoir.*
devise 150, *description.*
devise 667, *ind. pr. 3* de deviser, *décider.*
di 264, *impér.;* die 620, *subj. pr. 1;* 265, 427, *subj. pr. 3* de dire.
diavles 318, *etc., diables.*
diffames 850, *honte.*
doi 483, *deux.*
doie 30, *subj. pr. 1* de devoir.
doins 659, *ind. pr. 1* de donner.
dont 530, *d'où.*
dont 34, *donc.*
draper 817, *fabriquer du drap.*
drechiés 98, *dressés.*
drois 644, droite 566, *etc., juste;* droit 58, 735, *adv., juste;* a d. 359, *a raison:* par d. 409, *justement.*
duske 124, *jusque.*

ediotes 332, *idiots.*
el 954, *autre chose.*
embat (s') 888, *s'abat, s'assemble.*
embruske (s') 803, *se tient au sommet.*
emprendre 53, *entreprendre, commencer.*
enarcans 95, *arqués.*
encache 328, *chasse.*
encantés 7, *enchanté.*
encosa 435, *incrimina.*
encoste 627, *à côté de;* d'encoste 902, *à côté.*
encrukoient (point n') 129, *n'étaient pas courbes, étaient droites.*
endroit (chi) 562, *ici même.*
enfers 199, *malade.*
enfrun 937, *vorace, goulu.*
engien 31, *talent.*
engroisse 172, *devienne grosse.*
enhenc 268, 428, 492 (*exclamation ironique*). *Voir la note du v.* 268.
enjun (a) 232, *à jeun.*
enoint 82, *oint.*
ens 729, *à l'intérieur.*
ensi 38, 47, *etc., ainsi.*
ensïent (mien) 579, 592, *à mon avis.*
ensiut 8, *suit.*
ensus de 523, *loin de.*
ent 185, 231, *etc., en (adv.).*
entaillies 145, *taillées.*
entendu 10, *été attentif.*
entre 214, *prép. qui unit deux noms coordonnés, sans rien ajouter à la pensée.*
entrecloant 142, *fermant de chaque côté.*
entremet (s') 413, 644, 905, *ind. pr. 3;* s'entremetoient 651, *impf. 6, se mêler, s'occuper.*
envïaus 397, *coups.*
envoise (s') 828, *soit gai, s'amuse.*
erites 393, *hérétiques.*
errant 361, 878, *de suite, vite.*
erraument 843, *de suite.*
ersoir 931, *hier au soir.*
es 729, *dans les.*
escarbote 469, *escarbot.*
escars 796, *avares.*
escaudés 943, *échaudé.*
escorche 994, *écorce.*
escousse 33, *vidée.*
escout (faites) 964, *écoutez.*
espanir 44, *sevrer.*
espars 98, *en désordre, ébouriffés.*
esprec 468, (?) (*pas dans Godefroy*).
estavle 566, *stable, fixe.*
estavli 634, *décida.*
ester (laissiés) 228, 516, *restez tranquille.*
estranle 1089, *étrangle.*
estrelins 365, *pièces de monnaie.*
estuet 27, 50, *etc., faut.*
esvertin 330, *avertin, folie.*
eswarde 642, eswardes 532, 901, *impér. d'eswarder, regarder.*
eüreus 463, *heureux.*

fach 400, 505, *ind. pr. 1;* fesis 232, *ind. pf. 2;* fache 327, 829, *subj. pr. 3;* fachiés 680, *subj. pr. 5* de faire; con fait 960, 983, *quel* (*littéralement : comment fait*).

fades 199, *languissant.*
faerie 563, 759, *féerie.*
fains 174 (*subst. mc.*), *désir, envie.*
faitiche 889, *agréable.*
faitures 76, 167, *formes, traits.*
fallir 673, faut 459, 666, *ind. pr. 3*, falli 674, *part. pas. 3*, *manquer*, *faire défaut.*
fauchiaus 103, *paupières.*
fenestric 92, *ouvert, découvert.*
ferra 406, *frappera.*
fesis. *Voir* fach.
fianche 367, 778, *confiance.*
fie 734, *fois.*
fiertre 1078, *châsse.*
fil 654, fius 182, 196, *etc.*, *fils.*
fin 481, *beau;* fins 616, *véritable.*
finerés 970, *paierez.*
fisike 1005, *médecine.*
fisisciens, *médecin.*
flame 1079, *soit illuminée.*
foisseles 112, *fossettes.*
fontenele 66, *source.*
forche 995, 1069, *force.*
fourchele 143, *creux de l'estomac.*
fourchelé 122, *divisé en deux par une fossette.*
frait 481, *frais, dépense.*
frankise 449, *franchise, immunité.*
fremiant 88, *ayant des reflets, chatoiant* (?).
freske 120, *fraîche.*
frikes 440, *solides, valables.*
fu 1029, *feu.*
fui 57, 151, *ind. pf. 1;* fu 11, 1028, *ind. pf. 3 de* estre.

gambet 739, *croc-en-jambe.*
gambete 147, *petite jambe.*
garchonaille 1097, *groupe de garçons.*
gens 49, *personnes.*
gent 659, gens 768, *beau.*
gesir 236, 252; gerrés 237, *fut. 5, être couché.*
glout 1054, *glouton.*
goent 455, *jouissent.*
goudale 817, *sorte de bière.*
graigneur 758, *plus grand.*
graille 119, 131, *mince.*
grasse 83, *grâce.*
guile 847, *tromperie.*

hache 689, *subj. pr. 3 de* haïr.
haingre 149, *pas charnu, mince.*
haitié 334, *bien portants.*
hanke 147, *hanche.*
haterel 126, *partie postérieure du cou.*
hides 223 (*subst. mc.*), *chose hideuse.*
hors du sens 925, 990, *fou.*
hui 40, 191, *aujourd'hui;* hui mais 557, 558, 570, 788, 789, *pendant ce qui reste de ce jour, aujourd'hui.*
hurepiaus 590, 830, *sorte de coiffure.*

i 12, 194, *etc.*, *y.*
iaue 943, *eau.*
ier 617, 883, *hier.*
iere 830, *fut. 1;* iert 7, 36, *etc.*, *fut. 3 de* estre.
iluec 845, *là.*
issi 13, *ind. pf. 3;* ississe 509, *subj. impf. 1 de* issir, *sortir.*
itel 54, *tel.*

ja 212, 413, *etc.*, *déjà;* 237, 277, *etc.*, *exprime l'idée du futur.*
jointe 135, *articulation.*
jointe 121, *bien faite.*
joli 64, jolis 664, *gai.*
jouel 701, *joyau.*
jouste 722, *ind. pr. 3;* jousta 734, *pf. 3 de* jouster, *joûter.*
jouvent 59, *jeunesse.*
ju 416, 983, jus 938, *jeu.*
jua 982, *joua;* jué 966, 979, *joué.*
jus 402, 781, *en bas* (*le contraire de* sus); metés jus 939, *déposez.*

kemin 577, *chemin.*
kemise 152, *chemise.*
kerrai 573, *fut. 1 de* croire.
keü. *Voir* caïr.

muavle 21, 75, *changeant.*
mucha (se) 738, *ind. pf. 3;* muchiet 1052, *part. pas. de* se muchier, *se cacher.*
mue 930, *endroit retiré* (*p.-ê. ici garde-manger*).
mué 88, *changé.*
mui 617, *ind. pf. 3 de* mouvoir, *partir.*
muiele 772, *muette.*
muir 1041, *ind. pr. 1 de* mourir.
muit 418, *mugit.*

naie 191, *non* (*exactement : non pas moi*).
ne 61, *etc., ni.*
nes 573, *ne les.*
nient 6, 45, *etc., rien;* 730, *pas;* noient 719, *rien.*
niés 354, 362, *etc., sj. de* neveu.
nit 262, *subj. pr. 3, nettoie.*
no 333, 381, *rég. mc. sg.;* nos 968, *sj. mc. sg., notre.*
noient. *Voir* nient.
noise 1091, *bruit.*
noteront 490, *feront les écrits notariés.*
nuees 112, *nuancées, teintées.*
nus 20, 61, *etc., sj. mc. sg.;* nului 267, *rég. mc. sg. de* nul.

oc. *Voir* oïr.
oe. *Voir* oïr.
oi 164, *ind. pf. 1;* ot 166, 451, *ind. pf. 3 de* avoir.
oi, oï. *Voir* oïr.
oie 230, 233, 904, 931, 996, *oui* (*exactement : oui moi*).
oïl 583, *oui.*
oïr 364, 520; oc 578, 932, *ind. pr. 1;* oï 412, 652, *pf. 1;* orrés 621, *fut. 5;* oe 312, *subj. pr. 3;* oï 537, *part. pas., entendre.*
okison (par s') 225, *de sa faute.*
onni 92, 137, onnie 125, *lisse.*
onques 13, 39, *etc., jamais.*
or 2, 5, *etc.;* ore 69, 90, *etc., maintenant;* or cha 340, 390, *or ça.*
orendroit 679, 785, *maintenant.*
orinal 230, orinaus 253, *vase à uriner.*
orine 232, 251, *urine.*
orrés. *Voir* oïr.
ot. *Voir* oi.
otroi 893, *ind. pr. 1 de* otroier, *consentir.*
ou 119, 318, *etc. dans le;* 258, *au.*
ourer 324, *prier.*
ouvlïerent 703, *ind. pf. 6;* s'ouvlit 688, *subj. pr. 3;* ouvlïé 1072, ouvlïees 77, *part. pas., oublier.*

pagousse 24, *payse* (?).
par 821, *très, complètement.*
parans. *Voir* pert.
paressiaue 942, *subj. pr. 3, épuise complètement, boive tout.*
paringaus 410, *pareil.*
parliers 744, *bavard.*
parole 307, 517, *ind. pr. 3 de* parler.
pau 555, *peu.*
pauc 258, 261, *pouce.*
pavillons 369, *papillons.*
pendic 89, *pendants.*
pens 971, *ind. pr. 1 de* penser.
perchut 153, *s'aperçut.*
perge 690, *subj. pr. 3 de* perdre.
pert 11, 543, *ind. pr. 3;* parans, 114, *part. pr. de* paroir, *paraître.*
peson 461, *petite mesure de poids.*
petit (un) 261, 385, *un peu.*
peuture 453, *nourriture.*
piech' a 3, 383, *il y a longtemps;* a pieche 177, *de longtemps, jamais.*
pille ravane (faire) 805, *voler* (?).
pilliét 1062, *dévalisé.*
pinchel 96, *pinceau.*
pis 140, *sein;* 728, *poitrine.*
pisson 226, *poisson.*
plait 485, plais 503, 988, *procès, chicane.*
plenté 660, *abondance.*
plochons 105, *petites clôtures.*
poe 935, *patte.*

poés. *Voir* puet.
point 54, *moment;* de point 141, *à point;* drois poins 801, *en tous points.*
point (se) 55, *se pique.*
poise 696, 1035, *ind. pr. 3;* poist 991, *subj. pr. 3 de* peser, *chagriner, contrarier.*
porche 1068, *subj. pr. 3 de* porter.
pos 11, 533, *pot.*
pourprise 900, *complètement occupée.*
pourquant (ne) 438, 714, *néanmoins.*
pourre 738, *poussière.*
poursievoit (se) 118, *ind. impf. 3;* poursievant 126, *part. pr., faire suite.*
pourwarde 853, *ind. pr. 3;* pourwardees 856, *part. pas., chercher des yeux.*
prains 419, *pleine.*
premiers 140, *d'abord.*
presse 361, *foule.*
preu 1013, 1094, *profit.*
prinches 759, *prince;* 405, 407, *président (d'un pui).*
pris 1008, *ind. pr. 1 de* prisier, *priser.*
prois 1091, *derrière* (noise du p., *pet*).
pruec 848, *pour cela;* non pruec 743, *malgré cela.*
puet 7, 38, *etc., ind. pr. 3;* poés 47, 337, *etc., ind. pr. 5 de* pooir, *pouvoir.*
pui 405, 408, *assemblée ayant pour objet de juger des poésies présentées pour l'obtention d'un prix.*
puis 163 (*adv.*), *après, ensuite.*
pume 1042, *pomme.*

querre 1038, quierent 417, *chercher;* 1040, *mendier.*
queus 11, 896, *quel.*

rabaches 551, *rabachages.*
racaterai 1016, *rachèterai.*
raines 399, *grenouilles.*
rains 144, *reins.*
ravane. *Voir* pille ravane.
ravera 460, *aura de nouveau.*
rebas 917, *surface en retrait ou en saillie, par ex. appui de fenêtre.*
rebouture 944, *remplage.*
recane 1021, *subj. pr. 3 de* recaner, *braire.*
rede 525, *délire, dit des extravagances.*
rehaignet 883, 929, *reste.*
relever 823, *se relever, remonter.*
remuier (a) 447, *de rechange, en quantité* (remuier *est un subst.*).
rengrami 387, *courroucé, assombri.*
renoi 1067, *renie.*
repaire 753, *arrive.*
reploiant 128, *faisant un pli, un bourrelet.*
repus 930, *mis de côté.*
rescourre 180, *secourir, réparer.*
respas 211, *guérison.*
resproe 315, *se hérisse* (?), *se rebiffe* (?).
revois 2, *ind. pr. 1;* reva 185, *ind. pr. 3;* revoise 827, *subj. pr. 1 de* raler, *aller d'autre part, de nouveau.*
rewardoit 133, *impf.;* rewarde 263, *impér., regarder.*
rewart 97, 105, *regard.*
ribaudiaus 589, *petit ribaud.*
rien 774, *chose.*
rikes 439, *riches.*
riotes 557, *querelles.*
roie 731, *raie.*
roiiés 731, *rayés.*
roit 89, *dru.*
ronkiét 976, *ronflé.*
ruiotel 142, *ruisselet.*

s', *pour* se; 207, 250, *pour* si.
sainnie 755, *signée.*
saintuaire 360, 560, *reliquaire.*
sakier 906, *tirer.*
sanler 84, 168; sanle 35, 70, *ind. pr. 3;* sanloit 117, 150; san-

loient 87, 100, *impf.*, *sembler;* par sanlant 94, *à ce qu'il semblait.*
saous 78, *soûl.*
sauf (en) 560, *en sûreté.*
saus 508, 539, 972, *sous* (*subst.*).
saveur 170. *Voir la note du v. 170.*
se 175, *etc.*, *si.*
se 564, 711, *sa;* sen 17, 306, *son;* si 87, *ses.*
semont 826, *engage, invite.*
seri 63, *clair.*
sers 457, *serfs.*
seure 1056, *sus.*
si 1, 12, *etc.*, *alors, c'est pourquoi, ainsi;* si ke 85, *si bien que.*
si. *Voir* se.
sir (te) 363; se siét 1025, *ind. pr. 3;* se sist 951, *pf. 3;* serrai 626, *fut. 1;* sié ti 589, 622; seons 916, seés vous 396, 402, *impér.*, *s'asseoir.*
simples 105, *francs.*
siut 801, *suit.*
soignantage 445, *concubinage.*
soloit 807, *avait l'habitude.*
sore 71, *brune, sans fraicheur.*
sourchieus 94, *sourcils.*
souspiroit 110, *frémissait.*
souspris 162, *pris à l'improviste.*
soutieus 17, *habile;* 95, *fins.*
souvine 253, *couchée sur le dos.*
sus 340, *debout;* metre sus 281, 965, *imputer.*

t' 705, 935, *pour* tu; 622, *pour* te.
talent 158, *envie;* venir a t. 62, *plaire.*
tans 9, 32, *temps.*
tans (quatre) 307, *quatre fois autant*, ne tant ne quant 282, *ni peu ni prou.*
tantost 737, 753, *aussitôt.*
tastés 910, *goûtez.*
tatin 538, *horion, coup.*
taut. *Voir* tolir.
tavle ronde 723, *sorte de tournoi.*
tenchans 74, 313, *querelleuse.*
tenche 306, *tance, querelle.*
tenre 689, *tendre.*
tes 353, 615, *sj. mc. sg.;* ten 184, *rég. mc. sg.;* te 271, *fm. sg.*, *ton, ta.*
tès 11, *tessons.*
teus 150, 661, *etc.*, *tel, telle.*
ti 14, 341, *etc.*, *toi.*
tiers 241, tierche 456, *troisième.*
tolir 467, taut 460, *ind. pr. 3*, *enlever.*
toudis 352, 510, *etc.*, *toujours.*
touke 746, *touche.*
tout 324, 376, *sj. mc. pl.*, *tous;* toutes eures 1065, *toutefois.*
traire 220, *tirer, se diriger.*
tramis 605, *envoyé.*
traveillons (nous) 716, *nous nous fatiguons.*
trebuske 804, *trébuche.*
trés kes 368, *depuis;* trés ke 734, trés dont ke 771, *depuis que.*
trespast 842, *subj. pr. 3*, *passe.*
trestous 215, *tous.*
trop 286, 743, 885, *très.*

vaillans 429, 439, *haut placés.*
vake 418, *vache.*
varlès 542; varlet 740, *jeune homme.*
vauc 257, *ind. pf. 1;* vaurrai 180, *fut. 1;* vaurront 799, *fut. 6;* vaurroie 355, 585, *cond. 1;* vaurroies 352, *cond. 2 de* vouloir.
vautic 149, vauties 144, *cambré.*
veel 376, *veau.*
venist 22, 115, *vint.*
vés. *Voir* vir.
vïaire 116, *visage.*
vïande 938, *nourriture.*
viaus 571, *du moins;* 835, *s'il te plaît*
vïeleres 354, *joueur de vielle.*
vir 235, vés 848, *impér.*, *voir;* vés chi 372, 380, vés... chi 231, 518, veés... chi 905, *voici;* vés la 902, *voilà.*
visnage 302, *voisinage.*

vo 202. 320, *etc.*, *adj. fm.*, *votre;* voe 425, le voe 311, *pron. fm.;* le voe 934, du voe 495, *pron. mc.*, *vôtre.*
voir 538, 598 (*adv.*), *vrai.*
voire 603, 833, 975, *vraiment;* voire voir 504, *oui vraiment.*
voirement 75, 358, *vraiment.*
voirre 915, *verre.*
vois 12, 419, *etc.*, *ind. pr. 1;* voist 339, *subj. pr. 3;* voisons 841, *subj. pr. 4 de* aler, *aller.*
waaigna 278, *cultiva, engendra.*
waires 284, 321, *guère.*
waiterés 992, *guetterez, veillerez en attendant.*
warde 50, 641, *garde.*
warder 258, wardés 511, *ind. pr. 5;* 1014, *impér.;* wardé 531, wardés 53, *part. pas.*, *regarder, garder.*
warist 330, *guérit.*
waste 708, *gâtée, perdue.*

TABLE DES MATIÈRES

Imprimé en Suisse